जज़्बाती रूह से निकले लफ़्ज़

राजल ठक्कर

Copyright © Rajal Thakkar
All Rights Reserved.

This book has been published with all efforts taken to make the material error-free after the consent of the author. However, the author and the publisher do not assume and hereby disclaim any liability to any party for any loss, damage, or disruption caused by errors or omissions, whether such errors or omissions result from negligence, accident, or any other cause.

While every effort has been made to avoid any mistake or omission, this publication is being sold on the condition and understanding that neither the author nor the publishers or printers would be liable in any manner to any person by reason of any mistake or omission in this publication or for any action taken or omitted to be taken or advice rendered or accepted on the basis of this work. For any defect in printing or binding the publishers will be liable only to replace the defective copy by another copy of this work then available.

क्रम-सूची

किताब के बारे में   vii

1. चल ना आज मैं सच्चे इश्क से तुम्हे रूबरू करवाती हुं...   1

2. हाँ वही हूँ मैं...   3

3. एक पिटारा ख्वाहिशों का..   5

4. दर्द होता हैं   7

5. महाभारत   9

6. समाज के मुद्दे   11

7. इस कलयुग की दुनिया मैं...   12

8. एक चिट्ठी मेरे कान्हा को...   14

9. गुनेहगार   16

10. मौसम ए इश्क   18

11. हमारी बहना   20

12. तुमसे ना हो पायेंगा   21

13. वफा-ए-इश्क   23

14. बहुत याद आयेंगे हम   25

15. क्या लिखूँ तुजपे   28

16. में कई बार सोचती हूँ...   29

17. इश्क़ अधूरा रह गया...   30

18. दिल , दोस्ती और दास्ताने मोहब्बत   31

19. एक नारी   34

20. हो सकता हैं..   35

21. कुछ यार कमीने.....   37

क्रम-सूची

22. प्रकृति की गोद ...   40

23. निरंतर प्रयास और मन की शक्ति से ही   41

24. इश्क़ दोनों तरफ़ा ही पनपता जा रहा था...   42

25. इश्क़ से मोहब्बत तो नहीं...   44

26. एक तरफा इश्क़   46

27. काश एक जहाँ मेरा खुद का होता...   47

28. इंतज़ार   50

29. बचपन का वो प्यार मेरा बुढ़ापे तक जो चलना था...   52

30. एक तरफा चाहत   54

31. दो जिस्म एक जान...   56

32. पापा क्यों आप चले गए...   57

33. बिना होप वाला इश्क़..   59

34. ज़िन्दगी एक पहेली...   61

35. मैं तुम्हारी खुशियों के खातिर मरना चाहती हूँ...   64

36. एक लड़की का गुस्सा   66

37. तुम मेरी हर प्राथना में हो   68

38. इंतज़ार ता उम्र भर   70

39. एक सफर खूबसूरत सा   72

40. आधी रात के प्यार की भावना..   74

41. फीलिंग तुम्हारे आने की...   76

42. काश तुझे मेरी कदर समझ आ जाए...   77

43. जरूरी है यह भी...   79

क्रम-सूची

44. सक्सेस की आग...   81

45. यादें और बातें खुद से...   83

46. बारिश..   85

47. तो बात ही कुछ और होती..   87

48. जितनी दफा..   89

49. माँ के आँचल का क़र्ज़..   91

50. डियर ज़िन्दगी..   93

51. बस की खिड़की और तू..   95

52. और सुनो जाना..   98

53. बानी का साहस   99

54. आंसू और मुस्कान   101

55. आंसुओं का सैलाब   102

56. एक सफर खूबसूरत सा....   104

57. क्या तुम इश्क़ करने चले हो??   106

58. बिना कसूर की गुनहगार   107

59. आर्टिस्ट बनना आसान ही तो है..   109

60. मजबूरियां...   111

61. इम्तिहान..   112

62. बेरोजगारी   115

63. बदनाम सपने..   117

64. ख्वाब रूठ गए, दिल टूट गया...   120

65. बेरंग यादे बेरंग आंसू...   122

क्रम-सूची

66. गरीबी की हदे...   125

किताब के बारे में

"जज़्बाती रूह से निकले लफ़्ज़" इस एक बुक में मैंने अलग अलग तरह की बहुत सारी फीलिंग्स को दिखने की कोशिश की है.. और ये बुक किसी एक इंसान के लिए नहीं बल्कि जो भी इस बुक को पढ़ेगा और जो चीज़ पढ़ते वक़्त वो इंसान जो फील करेगा समझ लीजियेगा ये जज़्बात उन्ही को समर्पित है या उन्ही के लिए है.. इस बुक में मैंने ज़िन्दगी के बोहोत से पहलुओ को दिखाने की एक छोटी सी कोशिश की है और ये बुक कुछ मेरी तो कुछ आपकी ज़िन्दगी से रिलेटेड है...

इस बुक का नाम "जज़्बाती रूह से निकले लफ़्ज़" इसी लिए रखा गया है क्यूंकि बुक में लिखी हर कविताओं को मैंने कहीं न कही फील किया है कुछ अपनी ज़िन्दगी तो कुछ आपको आपकी ज़िन्दगी से निकाल के मैंने कुछ किस्से इस बुक में आपके साथ शेयर किया है आशा करती हूँ आप इसे पढ़ते वक़्त अपनी ज़िन्दगी के अनेक पहलुओं में से कोई पहलू फील कर पाएंगे..

(इस बुक का उद्देशय किसी की भी भावनाओ को ठेस पहुंचाने का बिलकुल नहीं है इस बुक सिर्फ रूह से निकले लफ़्ज़ लिखे गए है...)

1. चल ना आज मैं सच्चे इश्क से तुम्हे रूबरू करवाती हुँ...

अच्छा क्या, क्या कहा तुमने कि मैं जान हूँ तुम्हारी...

अच्छा सुनो चलो ना आज मैं सच्चे इश्क से तुम्हे रूबरू करवाती हुं...

अगर दो दिन या समजलो 2 साल से मिले इस जिस्म को तुम अपनी जान केहते हो...

फिर ज़रा ये तो बताओ मेरी जाना...

कि 9 महीने कोख में रखा इस धरती पर जन्म दिया जिसने तुम्हे...

जो जन्म से पहले से ही तुम्हे अपनी जान मानती है उसके बारे में सोचा है कभी??

क्या क्या कहा तुमने मुझसे बेशुमार प्यार है तुम्हे

और मेरे लिए अपनी जान दे सकते हो

और किसी की भी जान ले भी सकते हो...

अच्छा सुनो चल, चल आज में तुम्हें सच्चे इश्क से रूबरू करवाती हुं..

अगर मेरे लिए अपनी जान दे देंगे फिर जो माँ तुम्हारी लम्बी आयु की दुआएं भूखे पेट रह उस खुदा से हर रोज कर रही है और जो बाप तेरी खुशियों के लिए अपने सपनो को दाव पर लगा रहा है ,उसके अमोल प्यार का भला कसूर ही क्या??

क्यों जवाब है कोई, अगर नहीं फिर तेरे इश्क न मेरे लिए सही न किसी और के लिए..
अच्छा सुनो चल ना आज में तुम्हे सच्चे इश्क से रूबरू करवाती हुं...

लेखक ::==} राजल ठक्कर

2. हाँ वही हूँ मैं...

हां, नहीं हु कोई लड़की मैं , नहीं हूँ कोई लड़का मैं...

मगर हां, उस खुदा की नज़र मैं एक इंसान तो हूँ ही न मैं...

फिर बता मुझको ऐ इंसान तू, नज़रे तेरी मुझको देख क्यों अनदेखा है करती...

हां ना आता हु मैं स्त्रीलिंग मै, और नाही आता पुल्लिंग मैं...

चल मान ली मैंने बात तेरी, जी हां मैं वही जो आता हूँ नपुसकलिंग मैं...

मगर सुन ले तू भी ऐ इंसान, मैं हु वही जो शरीख होता तेरी ही ख़ुशियों मैं...

हां मान लिया तेरे वंश को आगे बढ़ा पाउ इतना काबिल भी नहीं हु मैं...

जी हां शादिओं मैं आता हूँ ताली मार, नाच करता तुझसे नेक भी हु ले जाता मैं...

मगर तू सोच ज़रा ये भी तो थोड़ा सा नेक ले आशीष सदा-सुहागन का दे जाता हूँ मैं...

जी हां, हिजड़ा, छक्का, मीठा और किन्नर जैसे विचित्र नामों से तुम जिसे हो पुकारते....

वही तालिओं का शोर हु मैं...

वही नाच का नूर हूँ मैं...(2)

मगर सुन ले ना तुभि ऐ इंसान, उस खुदा की नज़र में एक इंसान तो हूँ ही मैं...

हां, नहीं हु कोई लड़की मैं , नहीं हूँ कोई लड़का मैं...
मगर हां, उस खुदा की नज़र मैं एक इंसान तो हूँ ही न
मैं...

BY RAJAL THAKKAR

हां, नहीं हु कोई लड़की मैं , नहीं हूँ कोई लड़का मैं...
मगर हां, उस खुदा की नज़र मैं एक इंसान तो हूँ ही न
मैं...

3. एक पिटारा ख्वाहिशों का..

एक पिटारा ख्वाहिशों का भर सबसे छुपाके किसी कोने मे रखा है मैंने...

कुछ पुरानी तो कुछ नयी अधूरी सी ख्वाहिसे इक्कठी की है मैंने इसमें...

लाख मिन्नतें मानी इस पिटारे मे छुपी उन ख्वाहिशों के लिए मैंने

पूरी तो सब हुई नहीं मगर अब दुआ रब से बस इतनी सी है...

कोई पढ़ न ले इस पिटारे में छुपे मेरे दिल के जज्बातों को...

कुछ अधूरी सी ख्वाहिशें छुपा रखी है मैंने इस पिटारे मे...

हां जानती हूँ ख्वाब सारे पुरे किसीके भी नहीं होते...

पर क्या करूँ इस दिल का, जो कुछ अधूरी ख्वाहिसों के पीछे पागल आज भी है...

जानता तो ये दिल भी है कोई पिटारा खोल भी लेंगा मेरे जज्बात शायद पढ़ भी लेगा...

मगर जनाब सवाल तो यहाँ ये है की क्या कोई इन अधूरी ख्वाहिशों को पूरा कर पाएंगे??

या फिर बातों का और मज़ाक मस्ती का एक टॉपिक बना सबको बतलाया जाएगा...

इस लिए तो एक पिटारा ख्वाहिशों का भर सबसे छुपाके किसी कोने मे संभाल कर रखा है मैंने...

ताकि कोई पढ़ ना ले मेरे दिल में छुपे इन जज़्बातों को...
लेखक ::==} राजल ठक्कर

4. दर्द होता हैं

=} बहुत दर्द होता है यार जब रिस्ते अनगिनत हो पर कोई अपना ना हो...

=}दर्द होता है तब जब किसी इंसान को भगवान मान ले और समय आने पर वो इंसानियत भी भूल जाता हैं...

=}दर्द होता है बोहोत यार जब कहने को बोहोत कुछ हो मगर कोई सुनने वाला ना हो...

=}दर्द होता है मुझे उस वक्त जब आँखों से अश्रुओं की धारा बहाने को दिल करे और कोई आंसुओं को पोंछ के चुप कराने वाला ना हो...

=}दर्द होता है बोहोत यार जब हम कुछ नया सीखना चाहे और हार मिलने पर लोग हसि उड़ाते हैं...

=}दर्द होता है जब डिप्रेशन चारो और से हमें घेर ले और कोई उससे बहार निकालने वाला ना हो...

=}और सच कहूँ तो जब ये सारे दर्द एक साथ ज़िन्दगी को घेर लेते है ना तब हर बार मोत होती है एक सुशांत सिंह राजपुर की...

या फिर यूँ कह ले की तब तब मोत होती है एक कला की,
एक आर्टिस्ट की और एक टेलेंट की...

पर सवाल तो ये हैं की आखिर कब तक.....

By Rajal Thakkar

5. महाभारत

=} जब धार्मिक देश में धर्म की बजाय अधर्म होने लगता हैं....
जब घर में बहू बनाके लायी उस बेटी पर अत्याचार होने लगता हैं...
या फिर जब जब घर की लक्ष्मी का चिर हरण होने को आता हैं...
तब हां तभी वहां छिड़ जाती हैं महाभारत...

=} जब भाई भाई का भाईचारा भूल जाता हैं...
जब पैसो के लिए कोई किसी अपने से अनीति का काम करता हैं...
या फिर जब कोई किसीका सब कुछ अनीति से लेके राज करने लगता हैं...
तब तब छिड़ जाती हैं वहां महाभारत...

=} जब जब कोई अनीति और गलत पाशे फेंक किसी पांडवों को हराता हैं...
जब भाई अपनी मर्यादा भूल माँ समान भाभी को भरी सभा में लज्जित करता हैं...
जब किसी सच्ची देवी का चीर हरण होता हैं...
तब आते हैं श्री कृष्णा उसके चिर पूरने...
और तब तब छिड़ जाती हैं वहां महाभारत...

=} जब भरी सभा घोर पाप देख के भी चुप रहती हैं...
जब बड़े से बड़ा महाज्ञानी भी किसी बेटी को यु लज्जित
देख के भी अज्ञानी बना फिरता हैं , या अनदेखा करने की
कोशिश करता हैं...
तब तब छिड़ जाती हैं वहां महाभारत...

=} युग चाहे जो भी हो इंसान का रंग रूप और
जीने का ढंग चाहे कोई भी हो...
मगर जब जब किसी का पाप का घड़ा हद से ज़्यादा भर
जाता हैं...
तब हां तभी वहां छिड़ जाती हैं एक महाभारत...

by Rajal Thakkar

6. समाज के मुद्दे

=} माँ ने सिखाया था बचपन से मुजको ,पिता है तुम्हारा पहला गुरु...

मगर जब वही पिता मेरे ही सामने मेरी माँ को गालियों से अपमानित कर जाए तो??

=} परिवार ने सिखाया था बचपन से मुझको, शादी के बाद पति ही होंगा परमेश्वर तुम्हारा...

मगर जब वही पति देव से क्रूर दानव बन जाए तो??

=} माँ ने सिखाया था बचपन से मुझको, ससुराल जाकर तन मन से करना सबकी सेवा तुम...

मगर जब वही ससुराल का परिवार उसी सेविका पर जुल्म उठाये तो??

=}और जब एक लड़की की बिना किसी वजह बिच-बाजार आबरू लुट जाए तो?

=} और क्या बात करूँ मै समाज के मुद्दों पर, जब रक्षक ही भक्षक बन जाए तो??

=} क्यू क्या है कोई जवाब इसका,
आपके इन महान समाज के रखवालों के पास???

WRITER BY RAJAL THAKKAR

7. इस कलयुग की दुनिया में...

मेरे सच को जूठा ठहराया जाता हैं...
इस कलयुग की दुनिया मैं हररोज मुझे नीचे गिराया जाता
हैं...

मेरे पवित्र मन को मैला बताया जाता हैं...
मेरे कपड़ों से हररोज़ मेरे केरेक्टर को जज किया जाता हैं...

इस कलयुग में हररोज़ युद्ध किया जाता हैं..
हिन्दू मुस्लमान धर्म के नाम पे हररोज़ यहाँ
अधर्म का काम किया जाता हैं...

इस कलयुग मैं हररोज एक अबला स्त्री का हरण किया
जाता हैं...
एक लड़की को वेश्या का नाम दे हररोज़ किसीना किसिको
कोठे पे बिठाया जाता हैं...

इस कलयुग मैं हर एक घर में पैसों के नाम पर भाई भाई
का भाईचारा भूल जाता हैं...
हर घर का ये हाल हैं भाई भाई के नाम पर कलंकार बन
जाता हैं...

इस कलयुग में हररोज़ किसीना किसीका बलात्कार किया

जाता हैं...
फिर किसिको जलाया तो किसीको जिंदा दफनाया जाता हैं...

मेरे सच को जूठा ठहराया जाता हैं...
इस कलयुग की दुनिया मैं हररोज मुझे नीचे गिराया जाता
हैं...

BY राजल ठक्कर

8. एक चिट्ठी मेरे कान्हा को...

Dear kanhaa...

Hii कान्हा, मुझे ना तुमसे ढेर सारी बाते करनी है...

हां जानती हूँ मै , भगवान को आप कहकर पुकारते है मगर मुझे तुम्हे अपना दोस्त बनाना है

और दोस्तों को तुम ही कहकर पुकारते है हैना..

-कान्हा तुम्हे पता हैं मुझे अँधेरे से डर नहीं लगता मगर इन दो चेहरे वाले इंसानों से बेहद डर लगता है...

-तो कान्हा प्लीज क्या तुम इस ज़माने में मेरे साथ एक सचाई की चमकती वो रौशनी बनके रह सकते हो क्या???

-डिअर कृष्णा , मै जानती हूँ मैं तेरे उस सुदामा जितनी ना तो सत्यवादी हूँ और नहीं तेरी इतनी बड़ी भक्त हूँ...

मगर तेरे शरनागत को तू कभी अपने से दूर नहीं करता...

चाहे वो कितना भी बड़ा पापी ही क्यों ना हो ये बात तो तू ही कहता है ना..

तो फिर सुनो ना कान्हा मुझे ज़रूरत है तुम्हारी हमेशा के लिए तुम मेरा साथ निभाओगे क्या???

और अगर मैं भूलने की कोशिश भी करूँ तुम्हे फिर भी तुम मुझसे दूर ना होना प्लीज...

-कान्हा तुम्हारा कहना है ना कि तुम्हारे भक्त तुम्हे जिस नाम से और जिस रिश्ते से पुकारते है तुम उनके साथ वो रिश्ता निभाते हो...

अच्छा सुनो कान्हा मुझे भी तुमसे रिश्ता जोड़ना है हमेशा

के लिए मगर....

मगर वो रिश्ता कोई एक नहीं वो दरसल मेने इस दुनियावालो से अलग अलग हर रिश्ता बांधा है है मगर शायद तेरे जैसा कोई वफादार यहाँ कहा है रे...

तो फिर सुनो ना मेरे कान्हा , क्या तुम मेरे माँ-बाप , भाई-बेहेन , दोस्त-जीवनसाथी और बाकि सब रिस्तो में मेरे साथ बंधजाओगे ना प्लीज....

अगर तुम मुझे जीवन में कभी दर्द देने वाले हो तो वादा करो मुझसे, उस दर्द में सदा तुम मेरे हमदर्द बनके रहोगे...

वादा करो मुझसे माँ की ममता, या पिता के कंधे की याद आये तो तुम सदा अपना आंचल और अपना हाथ मेरे सर से कभी हटाओंगे नहीं...

वादा करो ना कान्हा की दोस्ती में धोकाधड़ी चाहे कितनी भी मिलती रहे, मगर तुम सदा मेरे सच्चे अच्छे दोस्त बनके मेरे आंसुओं को पो

9. गुनेहगार

=} हैवानियत की चादर ओढ़े कितने कुत्ते पलते जाते हैं...
आ रही हूँ सुनति में , ये line's बोहोत पुरानी सी....

=} अरे हैवानो को कुत्ता बोल कुत्तो को क्यों बदनाम तुम करते हो??
जिनका खाते उनकी वफ़ादारी कुत्ते भी बोहोत खूब करते हैं...
शरम के कपडे उतार बेशरमी तो सिर्फ वो हैवान ही करते हैं...
=} आता खयाल हर वक्त , एक ही मेरे ज़हन में अब तो....

कहा चली जाती हैं इंसानियत ,उन महान समाज के ठेकेदारों की....

जब बेटा उनका ही मार डालता किसी बेटी की रूह को...
_कहा जाता हैं "बेटी बचाओ बेटी पढ़ाओ" या "बेटियां घर की लक्ष्मी होती हैं" ये सारे नारे उस वक्त...

जब बंध कमरे में अपनी हवस को बुझाने धकियानूसी वो हैं कांड करते...
क्या याद आता नहीं उस वक्त उसी हैवानियत के पुतले को....

की बाप एक दिन बनेगा वो भी, किसी फूल सी नाज़ुक बेटी

का....
जब पढ़-लिखने की आड़ में अपनी बेटी को खुद से दूर वो कही भेजेंगे....

शायद उसके ही जैसे कई हैवान उसकी ही बेटी को राहो में देखने मिलेंगे...
जब शव बेटी का तेरे सामने होंगा और चीखे उसकी तेरे ज़हन में छा जाएँगी....

तब आयेंगा याद तुझको श्राप उसी बेटी का...
जिसकी चीखो को तूने सुनकर उसी बंद कमरे में दफ़ना डाला था...

शायद तब होंगा पछतावा भी तुझको अपने सारे गुनाहों का...

मगर देर बोहोत हो जाएँगी तब तक शायद बेटी तेरी शव छोड़ चली जाएँगी तब तक....
हां पर आज वक्त हैं पास तेरे ,सुधर जा तू गुनेहगार बनने से पहले....

WRITER BY RAJAL THAKKAR

10. मौसम ए इश्क

ये नीला सा आसमान, ये चहकते पंछी, और ये सुकून वाली शांति...
हाय... दिल करता हैं बस यही ठहर जाऊं...
बस हाथ में मेरे एक डायरी हो...
जिसमें रखी मौसम ए इश्क की कलम हो...
बस थोड़ी सी छाँव हो मेरे उस महबूब के यादों की...
और इस मोहब्बत के मौसम में मैं कुछ यु डूब जाउँ...
की मेरी कलम से में डायरी के हर एक पन्ने पे इतिहास के सारे प्रेमी पंछियों को एक साथ ले आउँ...
या खुदा कुछ यु ताकत दे मेरी इस कलम को...
कि मैं इतिहास के उन पन्नो से हीर को निकाल अपने राँझा से मिलवा पाउँ...
और लैला को अपने मजनू से या अनारकली को सलीम से इस मौसम ए इश्क की भरी महफिल में मिला पाउँ...
कभी कभी सोचती हूँ मैं ये ख्वाब कभी हकीकत बन सकते है क्या??
या फिर हमेशा समाज के इन झूठे रीती-रिवाजो के सामने सच्चे इश्क़ को ही अपने घुटने टेकने पड़ेंगे...
अच्छा सुनो ,ऐ ईश्वर तू कुछ यु कमाल कर जा...
की इस धरती पर फिरसे ले अवतार, और तेरे बन्दों को ये "बावरा इश्क़" समझा जा...

लेखक ::==} राजल ठक्कर

राजल ठक्कर

by RAJAL THAKKAR

11. हमारी बहना

तू ख़ुशी नहीं खुशियों का खज़ाना है हमारी बहना...
तुझसे ही मिलता मुझे मेरे हर एक दुविधा या प्रश्न का समाधान है हमारी बहना...
जब कभी भी होते हम हताश तब तुहि तो बताती हमें मंजिल तक पोहचने का राज़...
तुझसे ही सीखा है हमने परिस्थितियों से गभराकर उससे भागने की बजाय उससे लड़ा कैसे जाता है...
तूने ही तो बताया हमको ज़िन्दगी में जो होता है अच्छे के लिए ही होता है..
तूने ही सिखाया जीत का जश्न तो हर कोई मनाता है मगर हार के जीतने वाले को ही बाज़ीगर कहते है...
क्या होती है बहना या इसकी डेफिनिशन क्या है अगर पूछे कोई...
बाकियों का तो पता नहीं मगर हा , हमारी बहन की तो सिर्फ एक ही है डेफिनिशन...
उस अर्जुन का सारथि जो स्वयं बने थे श्रीकृष्ण समजलो बस वही कृष्ण हो तुम हमारे लिए बहाना....

WRITER BY RAJAL THAKKAR

12. तुमसे ना हो पायेंगा

क्या?? क्या कहा तुमने की तुमसे ना हो पायेगा...
wow yaar mtlb great haa..

क्या कहा मुझे इश्क़ का मतलब नहीं पता...
क्या कहा तुमने मुझसे सचा इश्क़ किसीसे ना हो पाएंगे...
तुम्हे अंदाज़ा भी हैं सचा इश्क़ होता क्या है...

तुम्हे पता हैं जबसे मैने इश्क़ को जाना इश्क़ को समजा
सिर्फ और सिर्फ तुमसे किया....
हां मेरा इश्क़ रूहानी हैं और तुमने अब तक शायद जिस्मो
में उलझकर ही देखा हैं...
शायद इसी लिए तुमने कहा की तुमसे ना हो पायेगा....
पर सच ही कहा तुमने ये जिस्मानी इश्क़ शायद मुझसे
कभी न हो पाएंगे....

और क्या कहा तुमने की में उसके जैसी कैरिंग नहीं...
सच में जाना तेरी इस बात पर ना बोहोत हसी आती हैं
मुझे...

तेरे ढेरो पैसो पर वो कोई मेहेंगी सी गिफ्ट तेरे बर्थडे पर
तुजे देती हैं ना जानती हु ये मुझसे ना हो पायेगा...
पर क्या तेरे जन्मदिन पर कभी अपने हाथों से गाजर का
हलवा बना अपने हाथों से खिलाना ये चीज़ उससे कभी हो

पाई हैं क्या???

तेरे FB, Insta के हर स्टेटस पे तेरे साथ हाथ पकड़ मुस्कराती दिखती हैं वो...
और सच कहा तुमने शायद उस वक्त ,की ये तुमसे ना हो पाएंगे....

क्युकी में तेरे स्टेटस में साथ दिखने में नहीं बल्कि तेरी माँ के हाथों के आशीर्वाद में रहना ज़्यादा पसंद करती हूँ...
और क्या तेरी माँ के होठों पे मुस्कान ला सके ये उससे हो पाएंगे...
और हां क्या कहा था तुमने हवाओं से भी ज़्यादा तुम्हारा मेरे नज़दीक आना ये तुमसे ना हो पायेगा...
और शायद तुम ये भी कहते थे कि तुम्हे भरोसा नहीं मुझपे...
इसी लिए मेरे पास आने से डरती हो या मुझसे दूर रहा करती हो....

अच्छा ज़रा गौर फरमाओ ना सुनलो एक बात मेरी....
सच कहा तुमने तुमसे दूरी थोड़ी बनाये रखती हूँ मैं...
और डर भी लगता है मुझे तुमसे नहीं तुम्हारे मेरे पास आने से...
डर लगता हैं मुझे कि कही, कही में तुम्हारे इतने पास ना आ जाऊ की तुमसे दूर जाना मुश्किल सा हो जाए मेरा...
डर लगता हैं मुझे कि तुम्हे

13. वफा-ए-इश्क

वफ़ा-ए-इश्क़ की माला तू जपते फिरता है...
सच्चे इश्क को तू यु तरछोड़, कच्चे धागे से माला मोतियों
की तू बूने चलता है...

वफ़ादारी इश्क़ का दूजा नाम हैं,
ये बात तू सभी दुनियावालो से कहता फिरता हैं...

ज़रा एक बात तो फिर बताओ ना जाना...
उस मंडप में सात फेरों के साथ सात वचन मुजको दे के....
किसी और की बाँहों में तू भला क्यों दीखता हैं??

तेरी वफ़ादारी का ढिंढोरा तु भरी महफ़िल में पिटा करता
हैं....
अच्छा एक बात फिर बताओ ना मेरे प्राणनाथ...
धर्मपत्नी मुजको बना तुम अपनी,
किसी और को जानेमन तुम क्यों कहता हैं??

वफ़ा का नाम ले मांग मेरी भर के दुनियावालो के सामने यु
मोटी मोटी बातें तुम करते हो....
अच्छा ज़रा बता भी तो दो ना प्रियतम....
अकेले में मेरे जिस्म पर घाव दे तुम उसमे अपना सुकूं क्यों
ढूंढते हो???

अच्छा सुनो, हर मर्द की सफलता के पीछे एक औरत का
हाथ होता हैं....
अक्सर ये बात तुम इस दुनिया से कहते हो...
फिर ज़रा एक बात तो बताओ मेरी जान...
सुबह की चाय से लेकर तेरे सोने तक सब कुछ में देखती
हूँ,
फिर अपनी सफलता का श्रेय तुम किसी परायी औरत को
क्यों देते हो????

अच्छा एक आखरी सवाल ज़रा सुनो तो सही...
सात जन्मों का मुझसे नाता जोड़ मुझि को खून के आंसु
भला तुम क्यों रुलाते हो?????

वफ़ा-ए-इश्क़ की माला तू जपते फिरता है...
सच्चे इश्क को तू यु तरछोड़, कच्चे धागे से माला मोतियों
की तू बूने चलता है...

पर ज़रा ये तो बताओ ना तुम उस कच्चे धागे को ही क्यों
चुनते हो??

लेखक ::==} राजल ठक्कर
WRITER BY RAJAL THAKKAR

14. बहुत याद आयेंगे हम

एक लड़की की ओर से लड़के के लिए....

अच्छा सुनो....
जब काला घना अँधेरा सा छाने लगेगा आसपास तेरे, जब दर्द के बादल मंडराएंगे आसपास तेरे....
तब, हां तब तुझे बहुत याद आयेंगे हम.....

जब तेरे स्टेटस में उसके साथ तू अपनी PICTURE लगाएगा और वो सीन करके स्माइल्स की बौछार बरसाएंगी पर तेरे साथ कभी अपने WATSAPP या INSTAGRAM पे वो DP कभी नहीं लगाएंगी...
तब , हां तब बहुत याद आएंगे तुजे हम....

हां जाना...तेरे ढेर सारे MSG पे वो तुजे YES और NO में तुरंत ANSWER कर जाएँगी....
पर तेरे उसको कॉल करने पर बिजी हूँ , इस काम में व्यस्त हूँ ऐसे जुठे से बहाने तेरे मु पे चिपकायेंगी और वहा किसी और के साथ गुल खिलाएगी...
हां तब, तब बहुत याद आएंगे तुजे हम....

अपने जन्मदिन पर तुजे वो सब दोस्तों से मिलवाएंगी और सभी से तुजे इंट्रोड्यूस भी करवाएंगी....
पर जब तू उसकी माँ से मिलना है ये बात उसको बतलायेंगे

तब वो तुजे तुरंत कोई नया बहाना बतलायेंगी....
हां तब, तब बहुत याद आएंगे तुजे हम....

जब तेरे जन्मदिन पर वो तेरे साथ फाइव स्टार होटल में
खाना खाने आयेंगी और तेरे साथ घूमने भी जाएँगी...
मगर आपने हाथों से तेरा पसंदीदा खाना तेरे लिए कभी नहीं
बनाएंगी...
हां तब, तब तुझे बहुत याद आयेंगे हम...

जब तेरी फ्रेंड्स फोल्लोविंग दिन ब दिन बढ़ती चली
जाएगी...
फिर भी तुझे उनमे कही कोई वफ़ादारी नज़र नहीं आएँगी...
हां तब, तब तुझे बहुत याद आयेंगे हम...

जब तेरे पैसे ख़त्म हो जाने पर वो तुझको छोड़ किसी और
के पास चली जाएँगी...
और इस बात पे तेरे दोस्त तुझे "इससे अच्छी तो तेरी X
थी यार" ये कहकर चले जायेंगे...
हां तब, तब तुझे बहुत याद आयेंगे हम...

और जब तेरी सारी दौलत शोहरत तू किसी पे क़ुर्बान कर
जायेंगा...
और फिर भी वो तेरी कभी भी ना हो पाएंगी....
हां तब, तब तुझे बहुत याद आयेंगे हम...

जब तनहा सा अकेला तू कही किसी बंद कमरे या किसी
एक कोने में बैठे इन गमो को याद कर रो जायेंगा...

जब मेरी याद तुझको

15. क्या लिखूँ तुजपे

क्या लिखूँ तुजपे तेरी आँखों में मुजको एक अलग सी गहराई नज़र आती है...

तेरी ज़ुबा तो चुप रहती है मगर सुन न यार तेरी आँखे मुजको बोहोत कुछ बयां कर जाती है...

इन मुस्कराते लबों पे ये जो स्माइल है न ये भी मुझे फेक लगाई नज़र आती है...

तू बात क्या है ये ज़रूर ना ही बताये मुझको ,मगर इन आँखों मे मुझे समुद्र से भी गहरे दर्द की परछाई नज़र आती है...

कैसे पुछु तुजसे में , की तू खुश तो है ना?? क्युकी वो तो मै जानती हूँ की तू नहीं है खुश...

मगर काश वजह भी जान पाती तो शायद, शायद कुछ तो कर पाती...

शायद कुछ कर पाती ये सोच मे यु हार तो नहीं मान सकती ना ,

वजह ना सही मगर इस फेक स्माइल को असली स्माइल बनाने की एक कोशिश तो कर ही सकती हूँ मैं और आप भी नयी..

तो चलिये देर किस बात की मैं और आप हम मिलके कोशिश करते है , किसीकी खुशियों की वजह बनने की...

लेखक ::==} राजल ठक्कर

BY RAJAL THAKKAR

16. में कई बार सोचती हूँ...

क्या ज़रूरी हैं हर वक्त मायुशियो की चादर में रहना...
और क्या ज़रूरी हैं खुदका वक्त खुदको ही ना दे पाना...
अच्छा सुनो चलो ना आज खुदके साथ थोड़ा सा वक्त गुजारते हैं..
चलो ना आज फिरसे वो बच्चो सा नादानियों वाली मुस्कान को लबों पे ले आते हैं...

17. इश्क़ अधूरा रह गया...

इश्क़ आंसुओं में बह गया....
हायो मेरे रब्बा ये क्या से क्या हो गया...
जिससे किया था प्यार पूरा दिल खोल के...
ज़रा देखो तो सही वो मेरा प्यार अधूरा सा रह गया...!!
हाय तेरी ये क़ातिलाना नज़रे...
दिल करता बस ताउम्र तुझे देखती ही रहूँ...
तुजे में कैसे बताऊं तू क्या हैं...
बस इतना ही कह शक्ति हु में....
तू मेरे उस ईश्वर से कि कोई मन्नत हैं...
या मुझे कोई खुशियों की मिली जन्नत हैं...

18. दिल , दोस्ती और दास्ताने मोहब्बत

बात कुछ ऐसी हुई उस दिन की अब बात कुछ होती ही
नहीं...
दिल्लगी से हमेशा दूर ही रहती थी में...
और दोस्तों को दिल में ही रखती थी में...

ये इश्क विश्क सब मोह-माया का एक बड़ा सा चक्रव्यू हैं
(2)
और इस नैया के भरोसे एक दिन सब को दुब जाना हैं...
वैसे तो इस बात से बिलकुल अनजान भी तो नहीं थी मैं...

हायो मेरे रब्बा सोचा भी ना था में एक दिन कुछ ऐसा भी
कर जाउंगी...
दोस्ती को निभाते-निभाते में उस दोस्त से ही दिल लगा
बैठ जाउंगी...

कोई अजनबी या अनजान इंसान मिलता तो उससे दूर भी
हो जाती , या उसको अपने इतना नज़दीक भी तो ना आने
देती...
या खुदा ये तूने क्या करिश्मा कर अपना जादू चला डाला...
तूने तो मुझे दोस्त के इश्क के चक्कर में ही फसा डाला...

अपने इस नाज़ुक से दिल को बड़ी मुश्किल से संभाल के

रखा था मेने....
और सुनो आजतक कभी किसी के हवाले भी तो ना किया
था इसको...
और देखो तो सही कोई मेरे दिल को चुराके ले गया वोभी
कुछ ऐसे की , दिमाग तक को कुछ भनक भी तो ना हुई...

और यु इंकार भी तो कैसे करू खुदसे की मोहब्बत नहीं हैं
मुझे उससे...
इश्क़ का एतबार भरी महफ़िल में करने से पहले पूरी शिद्दत
से दोस्ती भी तो यु निभाई थी उसने...

अब तो हाल कुछ ऐसा हैं लबों पे मुस्कान लिए आँखों में
छुपा दरिया हैं....
एक तरफ दोस्ती छूट जाने का डर और दूजा अधूरी ये
दस्ताने मोहहबत का किस्सा हैं....

अरे ज़रा रुकिए तो सही कहानी का आखरी पड़ाव ज़रा ग़ौर
से सुनिये...

हीर-रांझा , लैला-मजनू एक दूजे से मिले और दोस्त बने...
एक दौर ऐसा भी आया की एकदूजे के वो हमदर्द बने...
कुछ अधूरी मोहब्बत के किस्से कहानियो संग वो इस धरती
पर खूब मशहूर बने...
अच्छा सुनिए...

हमने सुना हैं वो जमीं पे ज़िन्दा गड़े और आसमान जाके
दो जिस्म एक जान भी बने.......

WRITER BY RAJAL THAKKAR

19. एक नारी

नन्ही सी गुड़िया हु मैं....
पर इस संसार की दुनिया हूँ मैं...
मुझे इश्क़ तो हैं खुदसे और खुदके ख्वाबो से...
मगर जो अपनो के लिए अपने आप को समर्पित कर दे वो
समर्पण का पूरा समंदर हूँ मैं...
हां एक बेटी , एक बहु , एक पत्नी , एक माँ, एक सास,
और नजाने कितने रूपों से बनी एक नारी हूँ मैं...

20. हो सकता हैं..

=} अगर उसने तुम्हे देख के की हुई एक मुस्कान तुम्हे दिन ब दिन और बेचैन कर रही है...
तो हो सकता है तुम उसके इश्क़ में गिरने की कगार पे हो...
=} अगर उसके कुछ भी ना कहने पर भी तुम उसकी आँखों को पढ़ने की कोशिश किये जा रही हो...
तो हो सकता हैं तुम उसके इश्क़ में गिरने ही वाली हो....
=} अगर उसके साथ बात ना करते हुए भी उसके ऑनलाइन होने का टाइम मोबाइल हाथ में आते ही करती हो...
तो हो सकता हैं तुम उसके पीछे पागल होने की पूरी तैयारी में लगी हो....
=} अगर उसके तुम्हारे सामने आते ही तुम लोग क्या कहेंगे सोचना भूल जाती हो...
तो हो सकता हैं तुम उसकी दीवानी होने ही वाली हो...
=} अगर उसके नार्मल से हैंडशेक से तुम्हारे दिलों की धड़कने तेज़ी से बढ़ने लगी हैं....
तो हो नहीं सकता यार बल्कि डेफिनिटेली तुम उसके प्यार में बावली सी दीवानी और छल्ली हो ही चुकी हो...
और अगर तुम्हे फाइनली वो सच्चा आशिक़ मिल चूका हैं तो इसे पकड़ लो , जकड लो , सीने से लगा लो और कही जाने ना दो....
उसको गले से लगाओ और कान के पास जाकर सिर्फ एक ही बात कहते रहो...

की सुनो...
जिस्म को छोडो तुम मेरी रूह में ही बस जाओ ना जाना...
और मुझे बना अमृता तू अपनी, मेरे शाहिल तुम बनजाओ
ना जाना...
?????? ?? ????? ???????

21. कुछ यार कमीने.....

कुछ यार कमीने मिले हैं मुझको....
साले बिना गाली के मेरा नाम नहीं लेते.....
अरे प्रॉब्लम गालियां देते ये नहीं हैं जनाब....
मगर कमीने फिर भी मेरे दिल के बिना कही वास भी तो
नहीं करते....

मेरे जन्मदिन की डेट मुझिसे पूछते हैं...
सॉरी BRO, मुझे याद नहीं तेरा बर्थडे...
ये कह कह के जन्मदिन से पहले तक मेरा हाल बेहाल खूब
हैं करते....
क्युकी कुछ यार कमीने मिले हैं मुझको...
बिना गालियों के मेरा नाम नहीं लेते....

अनगिनत तरीकों से मुझे परेशां हैं करते...
भयानक और विचित्रय मेरे नाम भी हैं रखते...
और बेहेन कोई परेशानी हो तो कहना ,हाथ पैर तुड़वा देंगे...

ये बात भी मेरे उदास चेहरे को देख हैं कहते....
क्युकी कुछ कमीने यार मिले हैं मुझको...
जो बिना गालियों के मेरा नाम नहीं लेते....

एक तरफ मुझे Taddy yaa मोटी कह कह कर खुब हैं
चिड़ाते...

साले इस बात पर में रूठ जाऊ तो कोई रिएक्शन भी नहीं
देते हैं...
मगर ब्रेक में ,में खाना ना खाऊ तो हाथ से मोबाईल छीन
लेते हैं ,
"और चुपचाप अपना खाना फिनिश कर " साले बड़ा हक़
जातके कहते हैं...
क्युकी कुछ कमीने यार मिले हैं मुझको...
जो बिना गालियों के मेरा नाम नहीं लेते....

यार इतना धीरे, इतना लेट क्यों ?क्यों बहन?? , तेरा फोन
किसी काम का नहीं इसको कही गटर में फेंक...
Oyy सुन बेहन यूट्यूब पे जा और अपनी लैंग्वेज को इम्प्रूव
कर...
What the hell yaar तूने मेरी कभी ना सुनने की ठान
ली हैं क्या?
ऐसे बड़े बड़े लेक्चर सुनाने में कोई कसर भी नहीं छोड़ते
ये...
मगर मुझसे कोई कुछ कहे तो " हो हेलो मैडम Mind your
Language She's My friend.. समजी या समजाऊ" चल
अब कट ले यहाँ से...
बिचारे सामनेवाले को धमकाने में कभी कोई कसर भी तो
नहीं छोड़ते..
क्युकी कुछ कमीने यार मिले हैं मुझको...
जो बिना गालियों के मेरा नाम नहीं लेते....

तो फिर चलो इंट्रोडस करवाती हूँ में आप सब को अपनी
"बन्दर सेना" से....

साले कुछ कमीने यार मिले हैं मुझको...
जो बिना गालियों के मेरा नाम नहीं लेते....

22. प्रकृति की गोद ...

प्रकृति की गोद में मेने खुद को है मेहफ़ूज़ पाया...
माँ का आँचल तो छूट चूका बचपन में ही था...
फिर खुदा तेरी इसी प्रकृति को मेने अपनी माँ सा पाया...
उस वक्त भी प्रकृति की गोद में सर रख के नजाने कितने ही बच्चे सुकून से सोते थे...
और आज देखो तो सही मेरे मौला विनाश प्रकृति का इन इंसानो ने चाहा था करना...
और ऑक्सीजन की कमी को पूरा करने ज़माने ने ही वापस #SaveTheNature का बोर्ड हर जगह हैं फिरसे लगाया...
आज फिरसे सिर्फ में ही नहीं बल्कि कहता हर एक इंसान हैं पेड़ पौधों से जिंदा हो तुम तो प्रकृति को अपने आसपास आगे बढ़ाओ तुम...
और प्रकृति की गोद में मेने तो हमेशा से ही खुदको था और हैं मेहफ़ूज़ पाया...

23. निरंतर प्रयास और मन की शक्ति से ही

आ जाती हैं सफलता खुद तुम्हें गले लगाने को...

और होते हैं ख्वाब सारे पुरे जो कभी देखे थे तुमने महेस ख्वाबों में ही...

कहते हैं वो ऊपर बैठा खुदा भी तुझसे की..

ए इंसान...

जा तू हो जा खड़ा कड़ी धुप बीचो बिच और कर मेहनत जमके...

बना फौलाद सा अपने मन को...

और निरंतर प्रयास और मन की शक्ति से ,

जित जाओगे तुम..

हां जित जाओगे तुम...

24. इश्क़ दोनों तरफ़ा ही पनपता जा रहा था...

इश्क़ दोनों तरफ़ा ही पनपता जा रहा था...
और नाम उसको महेस एक तरफ बोला जा रहा था...
अच्छा सुनो क्यों?? नाम इसको महेस एकतरफ़ा ही बोला
जा रहा था...

मेने तुम्हे अपने डर से आगे बढ़ के चाहा था बेसुमार चाहा
था...
हां मेरे अंदर भी डर था ज़माने का...
हां मेरे अंदर भी डर था लोग क्या कहेंगे इस बात का भी...
हां मुझे भी डर था की आगे इसका कोई फ्यूचर नहीं...
पर जाना मैंने तुम्हे जी भर के खुदसे ज़्यादा इस डर से
आगे बढ़ कर चाहा था...
अब बस डर हैं इस बात का की...
जिस दिन तुम्हे क़द्र होगी मेरी , मेरे इश्क़ की...
उस दिन शायद बोहोत देर ना हो चुकी हो....
क्युकी मुझे डर इस बात का सबसे ज़्यादा हैं यार...
में, में तो फिर भी इंतज़ार कर लू पर ये वक्त साला आज
तक किसीका नहीं हुआ...
बस अब तो इसी बात का डर हैं...

इश्क़ दोनों तरफ़ा ही पनपता जा रहा था...
और नाम उसको महेस एक तरफ बोला जा रहा था...

अच्छा सुनो क्यों?? नाम इसको महेस एकतरफ़ा ही बोला जा रहा था...

25. इश्क़ से मोहब्बत तो नहीं...

इश्क़ से मोहब्बत तो नहीं है मुझको
मगर आशिकी से चाहत बेसुमार है मुजको...

इश्क़ से मोहब्बत तो नहीं है मुझको
मगर तेरे इश्क की चाहत में इसकबाज़ बना बैठा हु मै...

इश्क़ से मोहब्बत तो नहीं है मुझको
मगर आज दिल की धड़कनों को भी सिर्फ तेरा ही नाम याद
आता है हर वक्त...

इश्क़ से मोहब्बत तो नहीं है मुझको
मगर आजकल ख्वाबो में भी सिर्फ तेरा ही चेहरा नज़र आता
है मुझको...

इश्क़ से मोहब्बत तो नहीं है मुझको
मगर मेरी माँ के कंगन तुजको पहनने को मेरा जी चाहता
है...

इश्क़ से मोहब्बत तो नहीं है मुझको
मगर मेरी माँ की बहू सिर्फ तू ही बने ये ख्याल मेरे दिल
में आता है...

इश्क़ से मोहब्बत तो नहीं है मुझको
मगर मेरे छोटे भाई की भाभी तू ही बने ये वो भी चाहता
है...

इश्क़ से मोहब्बत तो नहीं है मुझको
मगर आशिकी में तेरी जाये जान मेरी ये मेरा अवारा दिल
भी मांगता है...

WRITER BY RAJAL THAKKAR

26. एक तरफा इश्क़

इश्क़ की सारी हडे हुई पार मगर महज़ एकतरफा ही...
पागलपन दिन-ब-दिन बढ़ता जा रहा था मगर महज़
एकतरफा ही...
पूरा ही टूट कर चाहा था जिसको मैने महज़ एकतरफा ही...
दुआ रब से बस अब इतनी सी हैं ...
हो इश्क़ अगर उसको भी किसी से सच्चा वाला...
तो या खुदा आग लगे बराबर की दोनों तरफ़ा ही...

27. काश एक जहाँ मेरा खुद का होता...

काश एक जहाँ मेरा ख़ुदका होता....
जिसके आसमान पे मेरे आलावा दूजा हक़ सिर्फ मेरे उस
खुदा का होता...
काश एक जहाँ मेरा ख़ुदका होता....

उस जहाँ में होता एक बड़ा सा नो लिमिट वाला आसमान...

और उस आसमान में होते टिमटिमाते चमकीले तारे....
और उन तारो की रोशनी पे हक़ सिर्फ मेरा होता...
काश..., काश एक जहाँ ऐसा मेरा ख़ुदका होता...

जहां एक लड़की होना कोई ज़ुल्म या गुनाह ना होता...
और लड़कों के लिए " मर्द को कभी दर्द नहीं होता" ये पुराना
वाला टैग ना होता...
काश, काश एक ऐसा जहाँ मेरा ख़ुदका होता...
जिसके आसमान पे एक मेरा और दूजा सिर्फ मेरे उस खुदा
का हक़ होता...

जहां लड़कियां भी बेझिझक होकर कर सकती अपने
लड़केवाले ख्वाबों को पूरा...
और एक लड़के की हॉबी लड़का होने के बावजूत भी हैं
कुकिंग करना तो इस बात पे कभी कोई बबाल ना होता...

काश, काश एक ऐसा जहाँ मेरा ख़ुदका होता...
जिसके आसमान पे एक मेरा और दूजा सिर्फ मेरे उस खुदा
का हक़ होता...

जहाँ हिन्दू हो चाहे मुसलमान सब में एकता का ही नारा
होता...
जहा जात-पात, ऊंच-नीच, से परे भी कोई तो किनारा होता...
काश, काश एक जहाँ मेरा ख़ुदका एसा भी होता...
जिसके आसमान पे एक मेरे खुदा का और दूजा सिर्फ मेरा
हक़ होता....

जहाँ सच्चा इश्क एक पाक एहसास होता... (2)
और इश्क़ को टाइमपास समझने वालो पर एक बड़ा मुकदमा
होता...
काश, काश एक जहाँ मेरा ख़ुदका एसा भी होता...
जिसके आसमान पे एक मेरे खुदा का और दूजा सिर्फ मेरा
हक़ होता....

जहां लैला मजनू जैसे सच्चे प्रेमी पंछियों को यु बिछडना ना
पड़ता...
और जहाँ किसी अनारकली को सलीम से इश्क़ करने पर
ज़िंदा दीवाल बिच चुनवाया ना जाता...
काश, काश एक जहाँ मेरा ख़ुदका एसा भी होता...
जिसके आसमान पे एक मेरे खुदा का और दूजा सिर्फ मेरा
हक़ होता....

BY RAJAL THAKKAR

Inspired by Lovely Sharma...

28. इंतज़ार

इंतज़ार.....

इंतज़ार तेरा मुझको कल भी था, आज भी हैं और आने वाले कल भी रहेगा...

तू मिले ना मिले अगर मुझे इस हक़ीकत वाली दुनिया में , पर सुनो ख्वाबो के उस आसियाने में भी मुझे तेरा इंतज़ार हमेशा रहेगा...

और मेरा इश्क़ ना सच्चा सा हैं अगर हो ना यकीं तो आज़मालो मुजको...

मिल जाओ तुम मुजमे और फिर हो जाओ जुदा मुझसे...

वादा हैं मेरी जान उस बिछडन के बाद के मिलाप के वास्ते तेरा इंतज़ार मुझको हमेशा रहेंगे...

सुनो तुम ना इस बात को कभी भूल मत जाना कि तेरा इंतज़ार करने वाली एक रूह हमेशा जिंदा रहेंगी...

तू थक जाये अगर हालातो से, दर जाये लोगो की बेफिज़ूल सी बातों से तो इस दिल के दरवाज़े तेरे इंतज़ार में खुली हमेशा रहेंगे...

जिस्म तो महज़ मिटटी का हैं खिलौना..

एक दिन मिट्टी में ही मिल जाना हैं ये बात कहता हैं अक्सर ये ज़माना...

मगर सुनो जिस्म चाहे रहे ना रहे इस जिस्म में छुपी रूह को तेरा इंतज़ार रहेगा ताउम्र रहेगा....

जब कभी भी मन करे आ जाना इस रूह में मिल जाने को....

"

ज़िन्दगी के साथ भी और ज़िन्दगी के बाद भी सुनो इंतज़ार
किसिको रहे ना रहे किसीका इस दिल को तो हमेशा रहेंगा....
इंतज़ार तेरा मुझको हां इंतज़ार तेरा मुझको...
हमेशा रहेंगा.....

by Rajal Thakkar

29. बचपन का वो प्यार मेरा बुढ़ापे तक जो चलना था...

बचपन का वो प्यार मेरा बुढ़ापे तक जो चलना था....
ख्वाबो के उन ख्वाबो को मुझे हकीकत वाली दुनिया में महज उसके साथ ही तो बिताना था.
पर ख्वाबो का जब मेने किया उनसे इज़हार..
फिर कांच के भाति टूट गए मेरे सरे ख्वाब...
टुटा एक रिश्ता जो था दोस्ती का अच्छा-खासा...
और टूट गया उसके साथ ही दिल मेरा और कुछ यु जी खो गया वजूद मेरा बिना उसके..

बचपन का वो प्यार मेरा बुढ़ापे तक जो चलना था... ख्वाबो के उन ख्वाबो को मुझे हकीकत वाली दुनिया में महज उसके साथ ही तो बिताना था...
अब इतनी बड़ी सी थी दुनिया ये पर इश्क़ नजाने क्यों मुझे उस बचपन के साथी से ही हो गया...
पर अब हो गया तो हो गया क्या इश्क़ करके मुझसे कोई गुनाह हुआ??
और अगर गुनाह ही हुआ तो कोई सजा भी होंगी इस के रहत मिलने की कोई दुआ के साथ साथ दवा भी तो होगी ना?
नशा आज तक कभी किया नहीं पर तेरे इश्क़ का नशा

नजाने कैसे मेरे नैनो में यु बस कर रह गया..
बचपन का वो प्यार मेरा बुढ़ापे तक जो चलना था..
ख्वाबो के उन ख्वाबो को मुझे हकीकत वाली दुनिया में
महज उसके साथ ही तो बिताना था..

30. एक तरफा चाहत

टूट कर चाहा था जिसको बेपनाह.. उसका चाहक कोई और निकला.. और हम तो कब से ख्वाब सजाये बैठे थे उसके साथ जीने मरने के..
और हमारी फूटी किस्मत तो देखो जाना..
वो किसी और को अपनी हकीकत बनके बैठा..
उसके इश्क़ में जियेंगे और उसके इश्क़ में ही मोत मांगने हम चले थे उस खुदा से...
और पहुंच तो गए उस खुदा की चौखट पर दुआए लिए...
और देखो तो सही शहीद वो किसी और को अपने सजदे में मांग के बैठा.. और टूट कर चाहा था हमने जिसको..
उसका चहक कोई और निकला...

लगा था मुझको जैसा चिंगारी सुलग रही है दोनों तरफ़ा ही जाना..
पास जब तुम आये मेरे तो पता चला की मेरा सच्चा सा इश्क़ तो जैसे एक तरफ़ा ही निकला। .. और टूट कर चाहा था जिसको.. उसका चहक कोई और निकला

तेरे इश्क़ की आग लगी मेरे दिल में थी जाना..
और तेरी नज़रो में मुझको दिखी थी कई दफा वो वाली फीलिंग्स मुझको.. पर तेरी जुबा से तो "आई डोंट लाइक यू " जैसा कुछ लफ्ज़ निकला..
और शायद शायद टूट कर चाहा था जिसको बेपनाह...

उसका चहक कोई और निकला...

और जाना एक तरफा चलने तो लगी थी ज़िन्दगी मेरी...
अब जाके पता चला मेरा तो इश्क़ भी कम्बख्त एक तरफ़ा
ही निकला.. मेरा तो इश्क़ भी एक तरफ़ा ही निकला..

31. दो जिस्म एक जान...

दो जिस्म एक जान बनकर चलते रहे इस दुनिया में..
एक ही हृदय था केवल और दो जिस्म धड़कते रहे इस दुनिया में..
एक जिस्म करते नजाने अनेको व्रत
ताकि दूजे को मिलजाए जल्दी से ख्वाबो का वो आसमान..

एक के जिस्म पर आ जाती खरोच थोड़ी सी। ...
और दूजे की रूह १०० कोस दूर होकर भी उठती काँप..

एक की रातो की नींद उड़ाती जब जब...
तब तब दूजे की वहाँ बाद जाती बेचैनी। ..
शायद इश्क़ का दूजा नाम थे वो

दो अलग अलग जिस्म को पाकर भी एक ही रूह से बने थे दोनों..
जोड़ी थी वो राधे -कृष्ण की या फिर कहलो की वो थे सीता-राम। .

32. पापा क्यों आप चले गए...

सपनों का कोई ठिकाना नहीं..
पापा आपसे अब कोई वो गहरा नाता नहीं..
और सरे के सरे रिश्ते नाते सब जूते से लगते है मुझको..
और सच्चा प्यार भी तो मुझको मिल पाया नहीं...

साथ आपने पापा मुझको अभी तो जीना स्टार्ट ही करना था..
और बाप-बेटी की इस जोड़ी को नजाने नज़र किसकी लगी...

की बाप के हाथो का खाना बेटी के में तिकण्या नहीं..
और पापा...
बचपन में आपने खंड पर बैठा कर दुनिया पूरी घुमा लेते थे आप मुझको..
और बारी जब मेरी आयी आपको वो साड़ी खुशियां देने की जिसके आप भी हक़दार थे...
देखो ना पापा शायद उपरवाले को भी ये भाया नहीं...
और सब कहते है हिम्मत बरक़रार रखो...
पापा टूटी किस्मत को सवर्ण मुझे आया नहीं...
सब कहते है तुम बड़ी हो अब भाई माँ का ख्याल रखना ज़िम्मेदारी तुम्हारी है अब..
पर सब को कैसे मैं बताऊँ पापा, की आपके जैसे ज़िम्मेदारी निभाना मुझको आज तक आया नहीं...

सपनो का कोई ठिकाना नहीं..
पापा आपसे अब कोई वो गहरा नाता नहीं...
और सारे के सारे रिश्ते नाते सब जूते से लगते है मुझको...

और सच्चा प्यार भी तो मुझको मिल पाया नहीं..

33. बिना होप वाला इश्क़..

वो कहता है आई डोंट वांट गिव यू अन्य होप की आगे चलके हमारा कोई अच्छा फ्यूचर भी होगा..
और सुनो इश्क़ तो उनको भी है हमसे ये अक्सर उनकी आँखों में दिखता है हमको..
पर क्या ही कर सकते है हम जब ज़ुबान पे उनकी टाला है और दिल इस बात को मानता ही नहीं है अबतक...

और बेचैनियां तो उनकी रूह में भी आजकल घर कर के बैठ चुकी है जनाब...
और वो अक्सर हमसे ही कह देते है की तुम हमें चैन से जीने देती ही नहीं हो यार...

हां मन की ख्वाबो का वो आसियाना बना सिर्फ हमने ही था...

और सुना है आजकल उस आशियाने के टूट जाने के बाद हम किस तरह जाएंगे इस बात का दर्द उनको सताया जा रहा है...
अच्छा सुनो... क्यों सायबा सच सच बताना होले होले से इश्क़ तो तुम्हे भी हमसे होता ही जा रहा है... हैना??

वो कहते है उम्मीदें मुझसे कोई तुम रखना नहीं बाय गॉड की कसम सच बोल रहा हूँ. यह पागल पन तुम्हे तबाह कर

देगा..

अच्छा सुनो जाना... ऐसी भी क्या बेरुखी छायी है की बाते
ये साडी हमें बता के तुम खुदकी रूह को ही कब से दर्द दिए
जा रहे है.

34. ज़िन्दगी एक पहेली...

जी हाँ ज़िन्दगी...
मेरी, आपकी, और हम सब की ज़िन्दगी...
एक पहेली की तरह ही तो होगी है ना हमारी ये ज़िन्दगी...

जहा कल क्या होने वाला हैं कोई भी नहीं जानता
कितनी अजीब बात है न फिर भी सब लोग कल की तैयारी
में लगे हुए है...
अरे कल की बातो को छोड़िये जनाब यहाँ तो एक सेकंड के
बाद क्या होने वाला है इसका भी कोई आईडिया नहीं...
जैसे की होने को तो कोई बड़ा सा भूकंप भी आ सकता है
जो कितनो को निगल जाए...
ओके डॉंट बे सीरियस ये बात आपको डरा ने के लिए नहीं
हैं और ना ही में खुद इससे डर्टी हूँ...
वैसे ज़िन्दगी एक सफर हैं सुहाना...
आई मीन टू सैय आई नो यू आल नोस that लाइफ वैरी
ब्यूटीफुल बट अगर तब ही जब इस ज़िन्दगी को बितानी
की या फिर गुजरने की जगा पे ज़िन्दगी को जिया जाय
फिर चाहे जस्ट थोड़े पल के लिए ही क्यों नहीं राइट ना ??

आई मीन टू से दट थिंक इस फ्यूचर की तयारी स्टार्ट करना
या फिर फ्यूचर की सेफ्टी प्लानिंग एडवांस में करना इट्स
नॉट अ बेड आईडिया , बट यार फ्यूचर के नाम पे इतना
बिजी हो जाना की दुसरो को या अपनों को परिवार को छोडो

मगर अपने आप को खुद को ही वक़्त न दे पाटा या फिर
दिन में एक बार कोई अपनी ख़ुशी की चीज़ ना कर पाता
डोंट यू थिंक इट्स बेड यार...

लाइक लुक अत योरसेल्फ तुम वही हो जो कभी छोटी छोटी
बातो में खुशिया ढूंढा करता था या फिर करती थी..

जस्ट थिंक अबाउट इट , जस्ट थिंक अबाउट योर चाइल्ड
मेमोरीज कभी मिटटी में खेलना तो कभी जोरोसे गाने गण
तो कभी नजाना कूदना डांस करना और ये जस्ट तुम्हारी
हॉबी ही नहीं पैशन भी तो था राइट...

फिर ज़िन्दगी का एक दौर ऐसा आया तुम बड़े साथ मिलती
गयी कुछ ज़िम्मेदारियाँ जिसके बोज टेल तुम खुदसे धीरे
धीरे दूर होते गए...

आई नो तुम बड़े बिजी हो यार तुम्हारे पास मेरे लिए या
अपनों के लिया वक़्त निकलना थोड़ा सा मुश्किल बन गया
हो...

पर तुमने दुसरो के लिए अपना वक़्त बहुत दे दिया है सुनो
न किसी किसी दिन अपने लिए भी एक बार वक़्त निकाल
लो..
या फिर एक प्रॉमिस करो की हां पड़ोस वाले शर्मा जी के
कान फट जाए इतना ज़ोर से तो नहीं मगर हां जब भी मन
हो थोड़ा सा गुनगुना लेना जब भी मन करे महफ़िल में न
सही पर कोने में भी आंसुओ बहा देना...

क्यूँकि ज़िन्दगी एक सफर है सुहाना
यहाँ कल क्या हो किसने जाना??.... !!!!

35. मैं तुम्हारी खुशियों के खातिर मरना चाहती हूँ...

तुझसे इश्क़ मैं कुछ यूँ करू...
की खुशियों की तेरी में वजह बनु...
जब बात हो रही हो कही मेरे नाम की...
या अल्लाह तब की हसी बनु...
और तुझसे इश्क़ मैं कुछ करू...

दुआ हर रोज़ हर दफा मैं बस यही करूँ..
उसकी खुशियों के नाम पे लिखू..

उसके होठो पे हमेशा हसी छलकती रहे...
इस बात पे उससे दूरी भी मैं मंज़ूर करू...
और कुछ यूँ उससे मैं इश्क़ करूँ...

क्या पाया क्या खोया पता नहीं..
तू पाए खुशियों का आशियाना, बस इस बात के नाम में
ज़िन्दगी अपनी पूरी करो,
और कुछ इस तरह में तुझसे इश्क़ करू

क्या सही क्या गलत वो तो खुदा जाने
तेरी हर एक ज़रूरत को मैं बस पूरी करू

और जब बोली लगाने वाली हो तेरी खुशियों की

तब अपनी ज़िन्दगी और मौत दोनों ही मैं तेरे लैब के नाम
पे नीलाम करू
और कुछ इस तरह मैं तुझसे इश्क़ करूँ
और कुछ इस तरह मैं तुझसे इश्क़ करूँ

36. एक लड़की का गुस्सा

मुझे चीखना हैं
चिल्लाना है
इस जहाँ के हर एक मर्द को चीख चीख कर ये बताना है
हां मौन एक लड़की हूँ
पर तेरे बाप को कोई जागीर नहीं
हां गुस्सा मुझे भी आता है
फ्रस्ट्रेशन मेरा बढ़ जाता है
दिल डिप्रेशन में मेरा तब चला जाता है
जब बात ये ज़ुबान पे आने से पहले ही उसको ठहरा लिया
जाता है

मैं तुम्हे जनित नहीं तुम मुझे पहचानते नहीं
फिर क्यों मुझे हर वक़्त चुप रहने को कहा जाता है

सुनो मुझे चीखना है चिल्लाना है और एक दिन जब बीच
रास्ते पे जब तुम मुझे छोड़ने को आओगे
तब बड़ी ज़ोर से तुझको मुझे थप्पड़ खींच के भी लगाना है
सुनो आखिर तुम होते कौन हो
मेरी ज़िन्दगी में दखल अंदाज़ी करने वाले
मैं एक लड़की हूँ तब तक ठीक हैं सेह रही हु सब तब तक
ठीक है
पर सुनो मजबूर मत करो मुझे महाकाली का रूप लेने को
वर्ना प्रलय आ जाएगा

तुझे तेरी ही भाषा में समझाना भी मुझे अच्छे से आता है
साले कुत्ते अपना कमीनापन दिखाना बंध कर
वर्ना मेरी ज़ुबा पे अभी टाला है पर कायरता का मुझमे ना
एक भी दाना है

अपनों के लिए मैं मर भी सकती हूँ
पर सुनले कान खोल के तू मवाली और घुसा ले अपने
दिमाग में ये बात
अपनी इज़्ज़त के लिए मुझे बिना सिखाये भी बन्दुक,
तलवार, और त्रिशूल सब कुछ चलाना भी आता है

अपनी कड़वी ज़ुबा जी काबू में रख मवाली
वर्ना तेरा मुँह काला कर
न भी मुझको बोहोत अच्छे से आते है

37. तुम मेरी हर प्राथना में हो

तुम वह रहो या यहाँ रहो
तुम मेरे पास रहो या मुझसे दूर रहो
सुनो जाना
तुम न मेरी हर एक प्रार्थना में रहोगे

तुम खुश मेरे संग रहो या तुम किसी और को खुस रखने
में व्यस्त रहो
मर्ज़ी तुम्हारी की तुम मुझे चाहो या ना चाहो
मगर सुनो जान
मेरी प्रार्थना हमेशा ही रब से तेरी खुशियां ही मांगेगी

तुम मेरे नहीं या जान चुकी हूँ मैं
और बेशक ये बात अक्सर खलती है मुझको
पर सुनो जान
तुझे मिले कोई सच्चा चाहनेवाला और जोड़ी तेरी उसके साथ
सही सलामत रहेगी टा उम्र भर
उस खुदा के दर पे मेरी ओर से एक प्रार्थना ये भी हमेशा
ही रहेगी

और सुनो जाना
तुम वह रहो या यहाँ रहो
तुम मेरे पास रहो या मुझसे दूर रहो

तुम ना मेरी हर एक प्रार्थना में रहोगे

38. इंतज़ार ता उम्र भर

लग रहा ऐसा मुझे जैसे..
घड़ियाँ इंतज़ार के अब ख़त्म होने को है
और जो था दूर बहुत मुझसे वो अब नज़दीक आने को है...

चेहरा देखे बीते गए है सिर्फ कुछ महीने पर लगता जैसा
बीत गए है जनम कई
और इंतज़ार बोहोत लम्बा चला गम नहीं उस बात का
मुझको
पर मिलान का अवसर बस जब भी आये वो एक यादगार
हसीन सा लम्हा ता उम्र के लिए बन जाए
जो हो गया सो हो गया पर चेहरा उसका
इसबार भी वैसा ही हसीन खूबसूरत सा मुस्कुराते दिखे
मुझको..
ख्वाहिश अब तो रब से बस इतनी सी है..
मैं उसके सामने होगी वो मेरे पास होगा और आखिर कार
वो घडी होगी जिसका इंतज़ार बेसब्री से किया हां रहा था..
में तो देख उसको पूरी दीवानी हो ही जाउंगी पर या खुदा
उसकी लबो पे भी मुझको एक मुस्कान प्यारी सी दिखा
जाना तू..
जिस मुस्का पे में मर मिटटी हु तू उस मुस्कान को खुदा
मेरे लिए सजाये रखना..
या अल्लाह गीले सिक्वे ना रखूंगी में तुझसे गर इश्क़ ना
मिला उसका मुझको फिर भी आरज़ू उससे और तुझसे बस

इतनी सी है

सच्ची यारी की रूप में महज मिल जाय उसका हाथ

इतना मेरे लिए तू कुछ काम कर जाना खुदा..

बेसब्र तो हु मैं उस घडीको निहारने के वास्ते मगर

थोड़ा सा दर है मेरे ज़हन में बस उस डर को सीने से

निकाल पाऊ तो कुछ ऐसा कर जाना

और लग रहा ऐसा है जैसे मुझको

घड़ियाँ इंतजार की अब खत्म होने को है..

और जो था दूर बहुत मुझसे वो अब नज़दीक आने को है

39. एक सफर खूबसूरत सा

एक सफर खूबसूरत सा मंज़िल तक पहुंचने से पहले की वो ख़ुशी, वो कुछ खट्टी मीठी सी ज़िन्दगी...

कुछ पुराना साथ लिए, कुछ नया पाने की वो ज़िद्दी सा पागलपन कुछ अधूरे ख्वाबो संग कुछ पूरा करने का वो जज़्बा...

एक सफर खूबसूरत सा कभी कुछ यारो के संग तो कही पे किसी परिवार के संग वो हारने के दर को भूल जीत जा जश्न मनाने की ख़ुशी...

थोड़ी सी लड़ाई थोड़ा सा जहागाडना अपनों के संग और ढेर सारा प्यार और मस्ती के साथ गुज़ारे वो प्यारे से लम्हे..

एक सफर खूबसूरत सा मंज़िल से भी..
वो मंज़िल तक पहुंचने से पहले फ्रस्टेशन और मंज़िल पहुँचने के बाद क्या होंगे इसी सोच की एक्ससिटेमेंट जो सफर को और भी ज़्यादा खुशनुमा बना देती..

वो आज़ाद चिड़िया का पंख फैलाना और पंख काट भी सकते है इस बात से बेफिक्र होकर खुले आसमान में उड़ाना..

एक सफर खूबसूरत सा जहाँ हार भी मान लेना फिर आंसु

बहाना और खुद ही आंसुओ को पोंछ खुद के पैरो पे खड़े होना और फिर अबकी बार जीतना नया जूनून पक्का होना..

हाय यार कितना खूबसूरत सा होता है ना ये एक सफर खूबसूरत सा...

बहाना और खुद ही आंसुओ को पोंछ खुद के पैरो पे खड़े होना और फिर अबकी बार जीतना नया जूनून पक्का होना..

40. आधी रात के प्यार की भावना..

दिन ढलने की हो रही ख़ुशी हो..
और रात के उस पहर में संग तेरे मेरी थोड़ी सी मस्ती हो...

बस कुछ ऐसी ही अधिरात वाले प्यार की भावनाएं चाहिए
मुझको संग तेरे...

तुम चाय के कप लेकर आजाओ आधी रात को छत पर..
और में भी बैठी हूँ अपनी डायरी और किताबो के संग वह...

फिर तुम्हारी नज़ारे टकरा जाए मेरी अखियों से..
और बाते हो बेहिसाब बिच हमारे..
बस कुछ ऐसी ही अधिरात वाले प्यार की सुरवात हो और
यही भावनाएं चाहिए मुझको संग तेरे...

यूं तो मुझे परफ्यूम की खुशबु पसंद नहीं..
पर तेरी परफ्यूम की खुशबु से महक रही पूरी छत हो..
प्यार की भावनाएं हम दोनों में हो पर उस अधिरात को
पहले सिर्फ हमारी अच्छी दोस्ती की शुरुआत हो
बस कुछ इसी तरह मेरे पहले पहले प्यार की शुरुआत हो..

मैं अपनी खुदकी लिखी किताब से कोई सबसे खूबसूरत
कहानी सुनौ तुमको..

और तुम उसे मेरी आँखों को देखते देखते इत्मिनान से
सुनते चले जाओ...
फिर मैं पूँछु तुमको किसी लगी कहानी और तुम बस मुझको
देखो और कहो लाजवाब खूबसूरत...
और बस कुछ ऐसी ही अधिरात वाले प्यार की भावनाएं
चाहिए मुझको संग तेरे...

वो आधी रात बड़ी ही खूबसूरत बीते हमारी एक दूजे के
साथ..
तुम मुझे अपनी ज़िन्दगी के किस्से सुनाते चले जाओ और
मैं उनमे खो जाऊँ
फिर तुम भी कुछ जानो मेरी ज़िन्दगी के कड़वे सच और
मेरे आंसुओ को पोंछ के मैं साथ रहूँगा हमेशा ही साथ
तुम्हारे बाटे कुछ युंह हो ऐसी हमारे बीच
फिर तुम कसके मुझसे गले से लगा जाओ..
बस कुछ ऐसा ही अधिरात वाले प्यार की भावनाये चाहिए
मुझको संग तेरे..

फिर वो रात बीत जाए यहाँ वह की ढेर सारी बातों में..
फिर तो बस करिश्मा कुछ हो जाए ऐसे उस खुदा के डर
पर..
की दुआए हमारी हो कुबूल
और उसके बाद की हर रात मेरी बीते संग तेरे..
बस कुछ ऐसा ही आधी रात वाले प्यार की भावनाये चाहिए
मुझको संग तेरे..

41. फीलिंग तुम्हारे आने की...

सुनो तुम्हारी याद आती है हां जानती हूँ तुम तो आये भी नहीं हो मेरी ज़िन्दगी में...

मगर फिर भी आकर बिना बताये ही कही गम हूँ गए हो जैसे वैसी वाली फीलिंग्स मेरे दिल में घर कर जाती हैं...

काश तुम समाज पाते.. काश तुम मेरे दिल की चीखे सुन पाते, काश तुम मुझे समाज पाते, काश तुम हरे दिल के किसी एक होने में तुम भी मेरे लिए एक सॉफ्ट कार्नर रख पाते...

पाय ये सब काश में ही है सब काश ये कद भी एक दिन तो हकीकत में तब्दील हो पाटा... काश...

तुम्हे पता है तुम्हारा नाम सुनते ही ना मेरे आँखों में चमक बढ़ सी जाती है।

तुम हां तुम्ही से बात कर ॠ हम तुम कितने खास हो मेरी ज़िन्दगी में ये ना तुम खुद भी नहीं जानते हो...

पर कभी कभार दिल करता है मेरा भी की तुम्हे पता हो और महसूस भी हो की तुम कितने ज़्यादा ख़ास हो मेरी ज़िन्दगी में..

42. काश तुझे मेरी कदर समझ आ जाए...

काश मेरी चाहत पूरी हो जाए जब भी काले काले बादल घेरने को आये मुझे और तेरा चाँद सा रोशन चेहरा मुझको दिख जाए..

तुम हो कोई आसमान का चमकता सितारा मगर सुनो जाना काश महज़ एक दफा ही सही रूहानी इश्क़ तुमको भी इस बंजर सी ज़मीं से हो जाए...

और काश मेरी ये बेवकूफ़ भरी ख्वाहिशें सच में एक दफा सच हो जाए..

और जानता तो यह दिल भी है सब कुछ ये जो हो रहा है धोकेबाज़ी है मगर ये महज़ एक धोका है यूं या तो दिल से तुम्हारा नाम हट जाए या हो कोई चमत्कार ऐसा की ता उम्र भर के लिए तुम्हारी माथे की लकीरो पे नाम मेरा हो जाए

और तुम्हे सच बताके मेने कोई गलती तो नहीं कर दी है इस बात का दर्द मुझे ना हर रोज़ होता है..

अब उपरवाले से दुआ किये जा रहे है हम की काश तुम्हारे ज़हन में हम ता उम्र भर के लिए ठहर पाएंगे या नहीं ये तो पता नहीं..

मगर इश्क़, मोहब्बत की इज़्ज़त करना क्या होता है तुम्हे अच्छे से समझ आ जाए...

और काश मेरी आधी अधूरी ज़िन्दगी में जो कुछ टूटी फूटी सी आधी अधूरी सी नामुकम्मल ख्वाहिशे हैं वो कुछ यु पूरी

हो जाए...
की जान भी काले काले से बादल घेरने को आये मुझे तब
तेरा चाँद सा रोशन चेहरा मुझको दिख जाए...
और कुछ यु चमत्कार हो ही जाए एक दिन मेरा इश्क़ मेरी
मोहब्बत कितनी सच्ची सी है इस बात की कदर रख फिर
तुझको हो जाए

43. जरूरी है यह भी...

थक चुकी हूँ यार अब आखिर कब तक समझाऊं मैं खुदको
की एक दिन एक दिन ना सब कुछ ठीक या सही जाएगा..

थक चुकी हूँ अब तो मैं सच में यार उस सही दिन आने का
इंतज़ार करते करते...
काश काश की तुम समझ पाते..
की इतना इजी नहीं होता तो कुछ भी...
और तुम तो चल दिन तनहा केले मुझे मेरे हाल पर छोड़
के..
और मज़े भी बोहोत किये रहे हो तुम अपनी ज़िन्दगी में..
पर मेरा, मेरा क्या यार आखिर क्या ही कसूर था मेरा..
बस यही ना की खुदसे ज़्यादा तुमसे इश्क़ क्या था..
और मेरी किस्मत की लकीरे भी देखो तो कितनी अजीब सी
है...
इतनी बड़ी सी ज़िन्दगी है पर इश्क़ भी उससे हुआ जो
लकीरो की ओकात से परे है...
मेने सुना था कही की इश्क़ इश्क़ होता है वो कहा ये जात
- पात ऊँच नीच ओकात देख पता है..
पर यू नो व्हाट तुमने जबसे इग्नोर किया है न मुझको
मुझे लगता है शायद गलती ये है फेलियर हूँ या शायद मेरी
ओकात नहीं तुम्हारे जितनी या फिर तुम्हारे हिसाब से में
सही इंसान ही नहीं तुम्हे जैसी पसंद है शायद,
शायद मैं वैसी हूँ ही नहीं पर कोशिश की थी मैंने तुम्हारे

लिए खुदकी पसंद को भूल के तुम्हारी पसंद वाली बनाने की..

खेर जिसकी ज़िन्दगी में ही मेरी कोई वैल्यू नहीं वो भले मुझे नोटिस ही क्यों करेगा..

और वैसे भी में हूँ की कोण आखिर तुम्हारे लिए..

पर हां ये ना समझना की में हार मानकर रोने-धोने का ही काम काज करूँगी ता उम्र भर..

अरे जाना मैं तो वो इंसान बन चुकी हूँ अब की इश्क़ तुमसे करूँगी ता उम्र भर शायद ज़रूरी है ये भी कि तुम्हे भी ये पता चले की मैं भी सकती हूँ..

हाँ तुम बात ही कुछ और होती मानती हूँ मैं पर सुनो...

और शायद अब ज़रूरी हो गया है ये बोहोत की तुम्हे भी मेरी और मेरे सच्चे इश्क़ की वैल्यू समझ में आये...

तुम इश्क़ चाहे ना ही करो मुझसे पर मेने जो टूट कर चाहा है ना तुझको वो टूटे दिल का शोर किस तरह खुदको तबाह की जगह पर जमाने में तबाही मचा सकता है ये तुम्हे भी पता चल ही जाए और ये सच में बोहोत ज़रूरी है..

तुम्हे इन्चा दिखाने का या दर्द देने का मेरा कोई इरादा नहीं है जाना..

पर थक चुकी बस में ये सब सहते सहते अब ज़रूरी जोकगाया है यह की तुम्हे भी ये मेरे दर्द का एहसास हो जाए..

44. सक्सेस की आग...

सक्सेस का नाम लेते ही एक कीड़ा दौड़ना चाहिए तुम्हारी पूरी बॉडी में..

और "तुझे कुछ नहीं आता" ये सुन के एक करंट सा लगना चाहिए तुम्हारे दिल और दिमाग में...

और तुम कहते हो की वक़्त बुरा चल रहा है मेरा..

या किस्मत ही फूट चुकी है शायद मेरी...

अरे सुनो ध्यान लगाकर वक़्त को बदलना तो तुम्हे खुद सीखना होगा...

और भरोसा औरो की जगह खुद पे तुम्हे करना होगा..

क्यूंकि वक़्त को बेहतर तरीके से यूज़ करने का तरीका तुम्हे ही मिलेगा..

परायो से उम्मीद व्यर्थ है क्यूंकि वो तो महज़ वक़्त को बर्बाद ही करना सिखाएंगे या फिर यूँ कह लो की तुम्हारा कीमती वक़्त लेकर वो तुम्हारे ख्वाबो को भी तुमसे छीन लेंगे

सुनो अगर गवर्नमेंट की चाह दिल में पाल कर बैठे हो तुम...

तो वक़्त कितना हुआ इस फ़िक्र को छोड़ कर आधी रातों को तुम्हे पढ़ने जागना ही होगा...

अगर चाहत है कुछ कर गुजरने की या अपना भी एक नाम अमर करने की इस जहाँ में..

तो सुनो सिर्फ इंस्टाग्राम पे फॉलो करने से कुछ नहीं होगा..

उन्ही के अपार परिश्रम और म्हणत को भी तुम्हे समझना
होगा..

और क्या, क्या कहा लोगो से तुम लोग डरते हो?

तो ज़रा गौर से सुनो " दुनिया का सबसे बड़ा रोग की क्या
लोग" ये तो सुना है ना तुमने तो उन लोगो की बेफिज़ूल
भरी बातो को बिना देर किये कचरे के डिब्बे में भी तुम्हे
खुद ही फेकना होगा..

और हां किताबों को बना डालो अभी के अभी अपना ख़ास
साथी

या हमसफ़र क्यूंकि ये ज़माना आज कल का है मेरे दोस्त
यहाँ खुद को जिंजोड़ के और घिस घिस के तुम्हे खुद ही
खुद को हीरा बनाना होगा..

और अभी बाप के पैसो से सोने की चेन तो मिल गयी चलो
अच्छा है

मगर सुनो फ्यूचर में सुकून से सोना है और चैन की नींद
चाहते हो ना तो प्रेजेंट को परिश्रम में बिताना होगा..

सुनो तुम्हे लड़ना होगा खुदके ख्वाबो के लिए खुदसे..

तुम्हे लड़ना होगा खुदकी आँखों से..

पढ़ते पढ़ते अगर हो रही हो आंखें बंद तो एक चाय की
चुस्की से खुदको जगाना है तुम्हे खुदको पर सुनो तुम्हे
सोना बिलकुल नहीं है..

सुन राज हो ना भेजे में दाल दिया ना..

आग लगनी चाहिए तुम्हारे पुरे जिस्म में इस ज़हन में
सक्सेस की..

तब जाके पहुँच पाओगे तुम अपनी मंज़िल पर...

45. यादें और बातें खुद से...

आज फिर से मन किये तुझसे ढेर सारी बतियाने का..
कुछ अधूरे से ख्वाबो के ज़िकर सिर्फ तेरे सामने अपनी अखियों से बतलाने का...
हा जाना आज फिर से मन किया तुझसे ढेर सारी बाते करने का...
या फिर तेरी कुछ बातो को में महज़ सुन ही पाती काश...
खेर ये काश तो अब काश ही बन के रहने है ता उम्र भर अब तो..
ये सब तो फिर भी ठीक है जाना मगर अफ़सोस रहा बस उस दिन तुझसे ना मिल पाने का..
वैसे ये कोई बड़ा अफ़सोस तो नहीं शायद इससे बड़ी तकलीफ तो ये चीज़ दे जाती है मुझको...
की तेरी ता उम्र की जीवन संगिनी तो मैं कभी थी ही नहीं..

फिर भी सब जानते पहचानते हुए भी कही उस रात जो बाते मैंने तुझसे जिसका कोई शायद मतलब भी ना था ना ही उस वक़्त और ना ही अब तेरी ज़िंदगानी में..
उन बेमतलब की बातो की वजह से कभी कभार लगता है मुझे ऐसा की महज़ अच्छी दोस्त शायद बन सकती थी मैं तुम्हारी अगर मेने चाहा न होता उस रिश्ते को कोई नाम देना..
वैसे भी बेमतलब का कौश काश मैंने उस बांधती डोर को

और उस रिश्ते को वही छोड़ दिया होता उस खुदा के
भरोसे...

काश उस रिश्ते को मैनें कोई नाम देने का कभी सोचा ही
ना होता तो शायद एक रिश्ता हमारे बीच दोस्ती का तो एक
ना एक दिन पनप ही जाता कही किसी रात या किसी मोड़
पर...

खेर उपरवाले के जो ठीक लगा वो ही सही अब कोशिश इस
बात को अपनाने की बस में तो किये ही जा रही हूँ..

उसको याद कर के अब मैं इससे आगे क्या लिखू आखिर
ये सोचती ही जा रही हूँ

46. बारिश..

काश, काश तू मिले और मौसम का रुख कुछ यु बदल
जाए..

बरसने लगे बारिश की बुँदे आसमान से और हमारे बढ़ाते
इश्क़ की पहचान कुछ यु सवरने लगे..

जब होगा मिलन हमारा कई सालो के बाद...

तब लाज़मी है मेरी नज़रो से तुझे देखते ही कतरा कतरा
मेरे इश्क़ का बहने लगे..

और सुन ना बारिश जब वो आये मेरे सामने तब तू मुझपे
कुछ ज़्यादा ही बरस जाना..

और एक बहाना "ये तो हैं पानी बारिश का"...

ये मुझको दिला जाना..

और तेरे पास गुज़र पाऊ कुछ पल सुकून के ये मेरी किस्मत
कहा जाना..

पर हाँ इत्तेफाक ज़माने में आज भी होते है बोहोत ये मेने
अक्सर सुना है..

तो एक सुबह या एक शाम बरसने लगे बारिश ज़ोरो की और
इत्तेफाक से ही सही एक दफा किसी नुक्कड़ पे उसके संग
चाय पि सकू चाहे हो ख़ामोशी हम दोनों के दरमियान...

या खुदा कुछ ऐसा किस्मत के परे का खेल तू मेरे साथ
जाना..

और खुद के दर्द को तो सीने में दफन कर रखा है मेने...

मगर उसके लबो पे एक प्यारी सी मुस्कान आये और वजह
में बनु उस हसी की या अल्लाह मेरे अधूरे इश्क़ को महज़

इतना मुक्कम्मल तो कर जाना..
और बारिश से खेलना और बारिश में खेलना बोहोत पसंद
है मुझे..
हे ईश्वर बारिश की बूंदो की छिटके में उसके चहरे पर डालू
और वो मुस्कुराने लगे..
एक दफा ही सही तू कुछ हु कमाल कर जाना..
उससे ज़्यादा कुछ न मिला कोई गम नहीं होगा मगर जब
भी हो बारिश उसकी ज़र्मीं पे उसके सामने चेहरा मेरा आये...

याद मेरी उसको भले ही ना सताए दोस्ताना हमारा कुछ यु
बंधे एक दूजे
से.. की मेरे ज्वाबों में वो जब भी आये उसके वह की जमीं
पे बस बारिश की कुछ बुँदे गिर जाए...
और काश.. काश तू मिले और मौसम का रुख कुछ यु बदल
जाए..
बरसने लगे बारिश की बुँदे आसमान से और हमारे बढ़ाते
इश्क़ की पहचान कुछ यु सवरने लगे...

47. तो बात ही कुछ और होती..

एक आस थी तुम्हारे कंधो पर सर रख के अपनी सारी थकान को चुटकियों में भगाने की..
एक आस थी अपने ख्वाबो को पूरा होते हुए तुम्हारे साथ देखने की...
एक चाह थी मेरी बरसो से एक दिन तुम्हारी चाहत बनाने की...
और में तो दिवानी कब से हु तुम्हारे उन कातिलाना नज़रों की..
पर एक आरज़ू थी की तुम भी कभी खो कर मेरी उन आँखों में तलाश पाते खुदकी अहमियत मुझमे कही...
मंज़िल तक हां मंज़िल तक तो पहुंचना है मुझे आज भी..
मगर ख्याल तो वो भी अक्सर आ ही जाता है की मंज़िल तक का सफर तुम्हारे साथ बीतता तो बात ही कुछ और होती..
और में चलती तो जा रही हूँ आगे बस हाथो में मेरे हाथ तुम्हारा भी होता काश तो वो रहे और भी शायद हसीं होती..

और में तो खुदमे ही महसूस कर लेती हूँ तुम्हे जब भी तुम्हारी याद आती है..
पर हाँ बातो में तुम्हारे ज़िक्र अक्सर मेरा भी हो जाया करता तो बात ही कुछ और होती..
और मजबूरिओं के बोझ तले ज़िम्मेदारियाँ निभाना तो सिख

रही हूँ धीरे धीरे..

पर इन सब के रोज़ाना एक प्यारी सी मुस्कान मुझे देख के चहरे पे आ जाती तुम्हारे यानी में तुम्हारे मुस्कुराने की भी वजह बन पाती तो आय हाय क्या ही भला बात होती...

खेर ये सब तो ख़याली बाते है..

हकीकत में तो ये सब कुछ पॉसिबल ही नहीं जानती मैं भी हूँ और अब तो मानने भी लगी हूँ इसे..

पर सुनो जान.. तुम्ही बताओ इस दिल का आखिर क्या ही करूँ मैं भला ??

48. जितनी दफा..

जितनी दफा होती शुरू मेरी सुबह सुहानी है...
उतनी दफा तेरा नाम जाना मेरा ये दिल पुकारता है..
जितनी होता ज़िक्र तेरा ज़माने में..
उतनी दफा हाय तू मत ही पूछ जाना.. मैं कैसे अंदर ही
अंदर मुस्कुराया करती हूँ..
जितनी दफा कोई नाम तेरा मेरे सामने ले जाता है..
आय हाय बस दिल करता वक्त बस वही ठहर सा जाए
और बाते तेरी ता उम्र भर मेरे कान सुनते ही चले जाए...
जीतनी दफा तू मेरे ख्वाबो में आकर मेरे सामने बैठ जाए...

दिल करता बस आंखें मेरी तेरी आँखों में मिलते उस सुकून
के दरिया में यूं ही खो जाए...
जीतनी दफा तेरा चेहरा मेरा चेहरा के बिलकुल सामने आता
है..
अजी लोग लज्जा शर्म वरम साइड रख बस में सोचती हूँ
मुझे तुझे ताड़ने का मौका मिल जाए...
जितनी दफा में खुदको आईने में देखती हूँ...
ज़हन में आता ख्याल बस एक की मैं सजती सवरती जाऊं
कुछ तेरी पसंद वाली...
जितनी दफा बाते लोग प्यार व्यार की करते रहते है..
उतनी दफा मेरी रूह चीखती और मुझसे आ बोल पड़ती है..

रूह ने चाहा है रूह को इस दफा और चाहेंगे तुझको ही कुछ

यही हर दफा..
दुआ अब तो बस है एक दफा ही सही रूहानी इश्क़ मेरा
समझ तुझको भी आ जाए..
महज़ बस एक दफा रूहानी इश्क़ तुझको भी मुझसे हो जाए..

49. माँ के आँचल का क़र्ज़..

माँ का आँचल तड़पता रहा उस बच्ची को गोद में रख लोरी सुनाके सुलाने को...

उधर बेटी चीखती चिल्लाती और तड़प रही माँ के प्यार में खुदको डूबने को...

एक माँ ने था जन्म दिया और बढ़ी मजबूरियां हद से ज़्यादा तब अपने कलेजे के टुकड़े को उसके किसी और को सौंप दिया..

अब उस दूजी माँ ने किया पालन पोषण बड़े ही चाव और संस्कारो से..

बच्ची बड़ी होती चली जा रही थी..

हस्ती खेलती मुस्कुराये जा रही थी..

पता उसको था नहीं की दो दो माँ के क़र्ज़ टेल वो नजाने कितनी ही डूबती चली जा रही थी...

दोनों माँ का प्यार बराबर का..

एक बच्ची से दूर बच्ची की यादप में थी तड़प रही...

और दूजी माँ बच्ची को रहन सहन और बर्ताव किस्से कैसे करना है इन सारे कामों में व्यस्त होती थी...

अब बच्ची हो गयी थी सयानी..

और कुदरत ने भला ये क्या खेल रचाया...

दोनों ही माँ को उस बच्ची की एक साथ ही ज़रूरत पड़ी थी..

अब किस माँ के आँचल को वो छोड़ जाए और किसको प्यार

जताये..

इस बात से बच्ची की हालत ख़राब हो रखी थी...

एक माँ ने था जन्म दिया जो देवकी कहलायी और दूजी माँ यशोदा के सारे फ़र्ज़ निभाई थी..

पर यहाँ तो दोनों माँ को बेटी की ज़रूरत एक साथ ही आयी...

और इस बात पे बेटी के आंशुओं की भी अब तो सोच बढ़ने लगी थी..

अब क्या किया जाए अरे कोई तो बताइये...

दोनों माँ के सेहर अलग, अब किसको वो बेटी क्या कह जाए...

इस सोच में की दोनों को कैसे सँभालने बेटी खुद ही खुद में उलझ रही थी..

अजी सुनिए... आपका क्या कहना है??

वो देती एक आखिर दोनों माओं का फ़र्ज़ निभाए तो कैसे निभाए..??

50. डियर ज़िन्दगी..

डियर ज़िन्दगी यार तू कुछ तो कमाल कर जा..

रुख मोड़ दे इंतज़ार का और कुछ कायनात से करामात दिखा जा..

और ज़िन्दगी सुन ना प्लीज यार कुछ तो चमत्कार दिखा जा..

सब्र की हदे अब टूटने को चली है और बेसब्र मेरा दिलो दिमाग हैंग हो रखा है...

और आखिर कब तक और कोण कोण सा गिल्ट अपने अंदर छुपके सेहती चालू यार...

ज़िन्दगी तू भी तो कुछ अपना अस्तित्व वाला कमल दिखा जाना..

दुःख दर्द तकलीफ ये सरे नाम ही नहीं इसको दिल और दिमाग से महसूस भी कर चुकी हूँ मैं अब..

और शायद बोहोत चीज़ो की कदर करना मेने भी सीख ही लिया है तुझसे..

तो सुन ना डियर ज़िन्दगी प्लीज ना यार एक बार कदर करना किसीके सच्चे मन की इस ज़माने को भी तो तू सिखला जा..

और मेरे ख्वाब बड़े हैं मेरी औकात से यह मं भी अच्छे से जानती हूँ..

पर सुन ना इन्दगी तू तो मेरा हाल ए दिल पहचानती ही हैं ना??

तो ज़िन्दगी खुदकी करामात और करिश्माते भी होती है इस

जहाँ में ये बात तू फिरसे लोगो को बताता जा ..
और इंतज़ार इंतज़ार और इंतज़ार आखिर कब तक होगा ये
इंतज़ार..
अच्छा सुन न ज़िन्दगी माय डिअर लव प्लीज अब तो सही
समय का अंदाज़ा लगा मुझको सूना जा..
डिअर ज़िन्दगी यार तू कुछ तो कमाल कर जा..
रुख मोड़ पे इंतज़ार का और कुछ कायनात सी करामात
दिखा जा..

51. बस की खिड़की और तू..

बस में बैठी खिड़की का नज़ारा देखे जा रही हूँ..

जान में तुझ तक कब पहुँचूंगी यही बार बार सोचे जा रही हूँ..

यार दिलो दिमाग पे अब कंट्रोल रहा नहीं..

फिर भी बिन तेरे में ज़िन्दगी बस काटे जा रही हूँ..

खूबसूरत हैं नज़ारा बेहद ये खिड़की के बहार का..

और सुनो में हर एक जगह बस तुझे ही तुझे पाए जा रही हूँ..

एक्ससिटेमेंट की साडी हाडे अब तो हद से ज़्यादा पार हो गयी...

बस पहुँचने पर तेरा चेहरा दिख जाए यही दुआ मैं रब से मांगे जा रही हूँ..

और सुनो में बस की खिड़की से बहार तकती तकती तेरे ख्यालों में खोये जा रही हूँ..

हां मानती हूँ नामुकम्म्ल मेरा इश्क़ है..

पर सुनो जाना.. में तेरे साथ ज़िन्दगी जीने के ख्वाब बने जा रही हूँ..

और तुझसे मिलने की चाहत का जो सब्र है वो अब होले होले से टूटने लगा है...

और मिलना भी तो दर्द है इससे मुझे भी पता है पर फिर भी नजाने क्यों बिना होप वाला इश्क़ दिमाग में पाले जा रही हूँ..

और बस मैं बबल रुकी थी कुछ वक़्त किए लिए बीच रास्ते में बस...

और उस दौरान भी तुझसे आशिकी किस हद तक है ये नोटबुक को बताये जा रही हूँ..

और तू बेशक मुझसे दुरी थोड़ी बनाये रखता है...

फिर भी मुझे तो देख ज़रा, मैं सिर्फ तुझे अपनाने दिलो दिमाग में बसाये जा रही हूँ। ....

और तू कहता है मैं तेरा नहीं और शायद एक दिन किसी और का हो जाऊँगा..

और मैं.. मैं ये सब जानते-पहचानते भी तेरी होती जा रही हूँ..

तू मेरा होगा या नहीं फ़िलहाल इस बात का कोई गम नहीं पर सुनो जाना...

मुझे इश्क़ तुझसे हुआ इस बात पे मैं गुरूर किये जा रही हूँ..

और मैं काबिल नहीं हूँ तेरे ये जानते तो ये दिल भी हैं मेरा यारा..

फिर भी औकात के बहार के इश्क़-मोहब्बत के ख्यालो में, मैं बस खोये जा रही हूँ..

और तुम्हारे नखरे-वाखरे वो बिजी होने जो तुमने खुदपे लगाए रखा है..

उन सब को कुछ वक़्त के लिए भूल बस तुम्हे देखने की चाह में मैं तुम्हे बस चाहे जा रही हूँ

और सुनो खड़ूस..

तुम्हारी दोस्ती की छह ये भी मुक्कम्मल होगी या नहीं पता नहीं..

पर बीच में मैं बस उपरवाले दुआओं में महज़ तेरी सच्ची

यारी मिले ये मांगे जा रही हूँ..

52. और सुनो जाना..

मैं बस में खिड़की के बाहर ताकती ताकती तेरे साथ के कुछ
ख़याली पुलाव पकाये जा रही हूँ
और कुछ इस कसार में आपने इश्क़ को पाने पे उतरे जा
रही हूँ
बस तेरा खूबसूरत सा वो मुखड़ा कब देख पाउंगी ये उस
ऊपर वाले खुदा और खुदसे पूछे जा रही हूँ..
मैं तुझसे मिलूंगी मय बे शायद तुझसे बात करने का मौका
मिलेगा..
ये सोच सोच के ही ख़ुशी से फुलाये जा रही हूँ..
और बस में बैठी खिड़की के बहार का नज़ारा देखे जा रही
हूँ..
जान में तुझ तक कब पहुँचूँगी यही बार बार सोचे जा रही
हूँ

53. बानी का साहस

एक लड़की जिसका नाम है बानी..
बचपन से ही थी बोहोत सयानी...
खुशियों से वास्ता हमेशा से था..
मगर उसका दिल बड़ा ही भोला था..
पैतरे लोगो के वो समझ ना पाती थी..
शायद इसीलिए बलि का बकरा वो बन ही जाती थी..
मगर ये बात है एक बार की..
जब स्कूल से घर की और वो निकली थी..
दोष बस उसका था इतना ही,
भरोसा वो सब पर कर जाती थी..
रस्ते में मिली एक आंटी थी..
पूछा कैसी हो तुम बीटा..
हु में दोस्त तुम्हारी मम्मी की..
घर पे जा रही हूँ तुम चलो फिर में छोड़ देती हूँ...
इसी बहाने में भी तुम्हारी मम्मी से मिल लेती हु..
भोली सी बानी को कुछ समझ ना आया आंटी संग बैठ वो गयी...
ये एक साजिश थी उसके किडनेपिंग की ये बात उसकी आंखें देख न पाती थी...
बीच में रोकी स्कूटी उस एंटी ने, कहा बेटा चलो तुम्हे कुछ खिलाती पिलाती हूँ मैं...
मम्मी की दोस्त समझ उनके साथ बानी ख़ुशी से चली गयी...

खाया खाना जैसे वो मूर्छित अवस्था में पहुँच गयी..

जब देखा अपने आस पास तो साथ और भी छोटी लडकियां थी...

पूछा उनको तो पता चला वो शिकार हुई है इस कीन्द्नैपिंग की...

भोली सी तो वो थी ही लेकिन बचपन चलता बोहोत

जब देखा इधर उधर तो खिड़की से रौशनी की किरण दिखाई दी उसको...

एक टुकड़ा उस रूम से नेवसपपेर का उठाया आपने बैग से कलम को निकला...

लिखा उसमे हेल्प में किडनेपिंग का ये चक्कर पुलिस के साथ की हमें ज़रूरत है..

फिर एक टेबल लिया और खिड़की से उस कागज़ को फेंका किस्मत अच्छी थी जो किसीने उस पैन को पढ़ ही लिया..

फिर पुलिस आयी सब को बचाने...

उन गुनहगारों को सजा दिलवाने..

मगर ये सब हुआ सिर्फ बानी की वजह से..

मिला अवार्ड बानी को बहादुरी का..

ऐसी ही ख़ुशी के साथ हुआ अंत इस कहानी का..

तो बच्चो आपने क्या सीखा इससे ज़रा बताना ज़रूर...

बेटियां होती है बहादुर ये बात सिखाई बानी ने सबको..

और भोले बच्चो के साथ होते है भगवान ये बताया ऊपर बैठे उस ईश्वर ने

54. आंसू और मुस्कान

अश्कों को में अब छुपाने लगी हूँ..
लबो पे मुस्कान में अब लाने लगी हूँ..

छोड़ दिया मेने इन लोगों को समझाना..
अब खुद के सपनो का दबा मैं खुद को समझने लगी हूँ..

आखिर कब तक समझाती मैं इन लोगों को..
जिनको अपने अलावा किसी के लिए वक़्त ही नहीं है...

एक तड़प सी है अब भी मेरे साइन में...
मगर चेहरे पे मेकअप अब मैं लगाने लगी हूँ...

और ये ज़माना है साहब कोई कमी थोड़ी ही रखेंगे मेरी पे
तालिया नाक़ामियाबी पे तालिया बजाने में...(२)
इस लिए शायद में अब नाकामियाबियो से कुछ ज़्यादा ही
सिख पाने की कोशिश करने लगी हूँ..

55. आंसुओं का सैलाब

अश्कों का सैलाब अब धीरे धीरे बहने लगा है कही फिरसे..
अश्क बह तो इस बार भी रहे है फर्क बस इतना सा है...
पहले जो किसी के कंधो का सहारा लिया करता था मेरा ये
दिल...
आज किसी बंधी पिटारो में छुपी डायरी में जज़्बातो को
बहाया करते है चुके चुपके चुपके से..

सुना है महफ़िल ए आज़ादी तो पुरे ज़माने को मिली है..
मगर फिर भी नजाने क्यों सुना है बाहर से आज़ाद दिखाई
देने वाला पंछी भी इसी ज़माने के किसी बंधन बंधा ही जा
रहा है बिना अपनी मर्ज़ी के..

खूबसूरत से किसी चहरे को हमने सुना है आई ब्यूटी क्वीन
कहा जाता है..
अरे देखो तो ज़रा दिल की भी कोई खूबसूरती होती है..
मगर मेकअप के पीछे रखने की सुना है फुर्सत ही नहीं है
किसीको...

बड़े शहरो में हमने सुना है ख्वाबो को एक मुकाम भी दिया
जाता है..
और यहाँ छोटे शहरो में तो रात को ख्वाब दिख भी जाए
तो सुबह २ वक़्त की रोटी खाके उसी रोटी के साथ ख्वाबो
को भी हज़म कर दिया जाता है...

कब्रिस्तान में मुर्दा लाशो को दफना जाता है ना..
अरे हमने में रातो को बनी लाशों को सुबह कब्रिस्तान में
जाते तो नहीं, मगर शायर बनते ज़रूर देखा है जनाब

56. एक सफर खूबसूरत सा....

एक सफर खूबसूरत सा मंज़िल तक पहुँचने से पहले की वो ख़ुशी, वो कुछ खट्टी मीठी सी ज़िन्दगी..

कुछ पुराना साथ लिए, कुछ नया पाने की वो ज़िद्दी सा पागलपन, कुछ अधूरे ख्वाबो संग का जज़्बा..

एक सफर खूबसूरत सा कभी कुछ यारो के संग तो कही पे किसी परिवार के संग वो हरने के दर को भूल जीत का जश्न मानाने की ख़ुशी...

थोड़ी सी लड़ाई थोड़ा झगड़ना अपनों के संग सारा प्यार और मस्ती भी अभी अपनों के साथ गुज़ारे वो प्यारे से लम्हे...

एक सफर खूबसूरत सा मंज़िल से भी..
वो मंज़िल तक पहुँचने से पहले का फ्रस्टेशन और मंज़िल पहुँचने के बाद क्या होगा इसी सोच की एक्ससिटेमेंट जो सफर को और भी ज़्यादा खुशनुमा बना देती...

वो आज़ाद चिड़िया का पंख फैलाना और कट भी सकते है इस बात से बेफिक्र होकर खुले आसमान में उड़ना...

एक सफर खूबसूरत सा जहाँ हार भी मान लेना फिर आंसू

बहाना और खुद ही आंसुओ को पोंछ खुद के पैरो पे खड़े होना और फिर अबकी बार जीतना नया जुनून पक्का होना...

हाय यार कितना खूबसूरत सा होता है ना ये एक सफर खूबसूरत सा..

57. क्या तुम इश्क़ करने चले हो??

आज कलम से इश्क़ का हिसाब तुम लिखने चले हो..
सुनो.. ये कोनसा काम तुम करने चले हो???
आज मोहब्बत के मरीज़ तुम बनने चले हो..
सुनो.. क्या तुम आशिक़ आवारा सा बनाने चले हो???
आज माना की इश्क़ का एहसास बड़ा सुखप्रद होता है..
पर सुनो... बाद उसके गम के में ही मिलते है..
क्या तुम इस बात को भी नज़रअंदार करने चले हो??
हाडे भी होती रिश्तो में..
तो क्या तुम सारी हदे पार करने चले हो??
और मोहब्बत में दग़ाबाज़ी का भी बेहद प्रख्यात नाम है...
तो सुनो... क्या तुम इस बात को भी भुज जाने चले हो??
और जिस्मो को भी खेल देखो बड़ा ही निरल है...
तो क्या तुम अपनी रूह को भी बेचने चले हो??
और ये सब तो महज़ मोह हैऔर एक दिन तो सबको खाक
हो जाना है....
तो ज़रा गौर से सुनो..
तो क्या तुम अपनी चमड़ी की राख को...
उसके ही नाम करने चले हो??

58. बिना कसूर की गुनहगार

अच्छा करो तो अच्छा तुम्हारे..

मगर किसीका बुरा ना करो फिर भी बुरा होगा साथ तेरे ये कैसा लॉजिक है भाई आज तक समझ ना आया मुझको..

हाँ मानती हूँ मैं कुछ गलतिया की है मेने अपनी ज़िन्दगी में...

मगर गलतियों को गुनाह का नाम ही दे दो ये लाज़मी है क्या??

मेने सुना था कही की ज़रूरी ये नहीं की तुमने गलतिया कितनी की है ज़िन्दगी में..

पर ज़रूरी तो ये है कि उन गलतियों से सीख आखिर कितनी ली है तुमने...

आज देखो गलतिया की सीख भी ली ज़िन्दगी से और सजा उन पुरानी गलतियों की आज भी मिल रही है...

और में तो मजबूर थी वो सब करने के लिए चाहे उसे गलतिया कहो या गुनाह मजबूर इंसान को कहा कुछ दीखता है

पर सुनिए आपकी तो कोई मज़बूरी थी ही नहीं ना आप चाहते तो माफ़ी दे भी सकते थे हमें...

आप चाहते तो मजबूरिया पहचान भी सकते थे हमारी...

बात तो दरसल ये है की आपने कोशिश ही नहीं की...

कोई कसूर ना होते हुए भी गलत ठहराया गया हमें...

अब कोई गलती ना होते हुए भी जान बूझकर जिसने

कसूरवार ठहराया है हमें...
अब आप ही बताये जनाब उनके उस कसूर को हम गलती
कहे या फिर कोई जान बूझकर गुनाह???

जज़्बाती रूह से निकले लफ्ज़

कसूरवार ठहराया है हमें...
अब आप ही बताये जनाब उनके उस कसूर को हम गलती
कहे या फिर कोई जान बूझकर गुनाह???

59. आर्टिस्ट बनना आसान ही तो है..

लोग कहते है बादाम खाओ दिमाग चलेगा..

गर चलेगा दिमाग अच्छा तो फिर बड़े होकर काम अच्छा चलेगा..

पर एक बात मेरे ज़हन में घूमती रहती है आज कल..

ज़रूरी है क्या दिमाग चलने के लिए बादाम ही खाना..

ज़िन्दगी से मिला एक धोखा या फिर कोई एक सबक काफी ही तो होता दिमाग को एयरोप्लेन सी तेज़ रफ़्तार देने के लिए..

बात ये कोई नयी सी है नहीं, जनाब ये बात ओट है पुरानी बोहोत पुरानी

जब जब गरीबाई की हदे हदसे ज़्यादा बढ़ने लगी..

जब जब किसी अपने ने अपनों से ही की दग़ाबाज़ी..

उस वक़्त ही जन्म जुआ था एक आर्ट का उस वक़्त ही तो बना था इंसान कोई कलाकार सा..

जब जब हुए टुकड़े किसी दिल के या फिरल जब ब्रेकडाउन हुआ किसी रूह का...

तब तब पनपता गया कोई आर्ट किसी जिस्मानी रूह में..

जब जब ज़लील जुआ कोई इंसान बिना किसी कुसूर के..

जब ठहराया गया पागल किसी सच्चे इंसान को...

या फिर जब मिला इनाम जूठा किसी सच्चे इंसान को सच बोलने का..

तब तब उस हर एक इंसान में जन्म लिया किसी नया आर्ट

ने किसी नयी कला ने..
आर्ट जो टूटे इंसान का सहारा बना..
आर्ट जिसने इंसान को मिलाया खुदसे..
आर्ट जिसने दी पहचान नयी ज़ख्म से भरे उस इंसान को..

आर्ट जिसने बयां किया ज़माने वालो को की गरीब नहीं
रहता आजीवन गरीब..
आर्ट जिसने हमें ख्वाब देखना सिखाया..
आर्ट जिसने ज़माना कहता था पागल उसी पागल के पीछे
इसी ज़मानेवालो को भगाया..
आर्ट जिसने हमें किसी और के लिए नहीं बल्कि खुद के
लिए जीना सिखाया..
जी हां आर्ट कितना आसान है ना एक आर्टिस्ट बनना

60. मजबूरियां...

हाँ मजबूरियां थी मेरी कुछ उस वक़्त और मजबूरियां है मेरी
आज भी कुछ..
पर वाक़िफ़ भी हूँ मैं इस ज़माने वालो से..
कब, कोण, किस तरह कैसे उठा सकता है फायदा मेरी
मजबूरियों का..
कई बार बेचैन कर जाती है मुझे कोई न कोई मजबूरियां...
जी नमस्कार में एक लड़की हूँ या फिर समझलो की में कोई
लड़का हूँ
मजबूरियां जो हर किसी को तबाह कर दे हां कभी कभार
मजबूरियां जो इंसान को मज़बूत बना दे उस हद तक की
वो मचादे तबाही इस कलयुग के ज़माने में..
ख्वाब मेरे बड़े थे ऊंचाइयों तक पहुंचने के पर क्या करती
कभी जकड लिया मुझे लड़की के नाम पर मजबूरियों ने..
तो कभी वक़्त और हालातो के तहत रोका गया मुझे इस
ज़माने के द्वारा..
अच्छा सुनो मुझे जवाब चाहिए..
क्या ज़रूरी है मुझे हर वक़्त कुछ ना समझना??
या क्या ज़रूरी है मुझे हमेशा ही उड़ने से रोकना??

61. इम्तिहान..

यू क्नोव व्हाट पहले ना कभी कबर में सोचती थी की यार
ये इम्तेहान देना ज़रूरी है क्या??
ज़रा सोचिये अगर ज़िन्दगी में इम्तेहान ही नहीं होते तो
लाइफ कितनी सेट होती ना..!!
क्या आपके दिमाग में भी आये है ऐसे ख़यालात कभी??
हां सब के दिमाग में आते होंगे मई भी शायद..
ऊप्स वैसे मैं बताना भूल गयी की आज हम बात करने वाले
है इम्तेहान की..
जी नहीं रुकिए थोड़ी गलत फहमी दूर करनी थी..
आज हम स्कूल या कॉलेज की एक्साम्स या उसके इम्तेहान
की नहीं आज हम बात करने वाले है उस इम्तेहान किहो
अक्सर ज़िन्दगी हमारा लिया करती है..
हां हां अब ख़यालात आपके दिमाग में यही आ रहा होंगे
की यार व्हाई ऑलवेज विथ में यार?? लाइक सबके तो
डेफिनिटेली इतनी नी लिए होंगे ज़िन्दगी में इम्तेहान जितने
मेरे ले रही है..
और ये ज़िन्दगी भी बड़ी ज़ालिम है साहेब मेरे इम्तेहान
लेका ज़रा देखो तो सही कितने मज़े ले रही है..
पर जी नहीं जनाब मोहतरमा आपकी गलत फहमी दूर करने
के लिए बता दू की यह ज़िन्दगी हर किसी के लेती है
इम्तेहान और हां आप ये जो कह रहे है ना की ज़िन्दगी
मेरी उदासीनता देख कर बड़ी खुश है आजकल...
जी नहीं शायद ये भी तो हो सकता है ना की ज़िन्दगी

आपको बस परिचित करवाना चाहती हूँ इस कलयुग की
ज़माने से..

शायद वो ये चाहती हो की आपने जो गलती पहली दफा की
थी आपने आप से ज़्यादा किसी और पर भरोसा करके वही
आप दोबारा ना करे..

या फिर ज़िन्दगी आप को आपकी मज़बूताई से मिलवाना
चाहती हो..

या फिर इस बड़ी सी दुनिया में जहा आप दुसरो के पीछे
भागते भागते अपनी खुद की पहचान भूल चुके है आपको
उस पहचान से रुआबरू करवाना चाहती हूँ एंड यू क्नोव
व्हाट ट्रस्ट मी पैन जितना गहरा होगा ना इतिहास आपका
उससे कई गुना ज़्यादा बड़ा होगा..

तो जनाब और मोहतरमा अगर मिला है धोका इश्क़ में या
फिर दर दिया है किसी अपनों ने..

या फिर किसी प्यारे कोई समझा था अपना ऐसे एक खाश
दोस्त ने की हैं आपसे पहली दफा दग़ाबाज़ी..

या बेरोज़गारी के चलते भूखा है पेट का हाल..

या गरीबाई का मातम मनाते मनाते थक चुके हो आप या
फिर ले रही है ज़िन्दगी आपका कोई और ही इम्तिहान

तो इस बार गलती की कोई महंगी पड़ी बोहोत है आपको
ध्यान रखियेगा दुबारा तो वही फिर से कतही ना कीजिएगा..

और हाँ ज़िन्दगी के इम्तेहान ना सच में अच्छे होते है या
मुझे भी जस्ट इम्तेहान में फ़ैल होने के बाद ही पता चला..

और कह दो उस आसमान में अल्लाह से की इम्तेहान ले तू
चाहे जितने लेने हो...

पर हाथ तेरा मेरे सर पे और साथ मेरे साथ रहना चाहिए
हमेशा...
क्यूंकि खफा नहीं हूँ मैं आये खुदा तेरे किसी इम्तेहानों से..
बस इस ज़मानेवालो से..
तू लेता चला जा इम्तेहान में देती चली जाउंगी...
पर सुन ए खुदा आखिर एक फेलियर हूँ मैं..
इम्तेहान में फेल भी होंगी और साथ तेरा पाके में खुदके
बलबूते पे खुद ही कड़ी भी हो जाऊंगी...
पर सुन इम्तेहान देना मैं कभी भी और कहीं भी बंद नहीं
करुँगी..
क्यूंकि इम्तेहान अच्छे होते है..

62. बेरोजगारी

ख्वाब थे मेरे बड़े बड़े से सोचा था मुकम्मल एक दिन तो होंगे ज़रूर...

की थी कोशिश जी जान से खुदकी ख्वाबो तक पहुंचने के लिए..

पर शायद मेरी उड़ान थी जितनी.. ख्वाब थे उससे कई गुना ज़्यादा ऊँचे.. मैं ये नहीं कह रही की हार मान ली है मैंने..

क्यूंकि अब ज़िन्दगी चाहे किसी भी मोड़ पर ला क्यों ना खड़े कर दे मुझको बॉस हार तो कभी मानना है ही नहीं

ये बात खुद को १०० दफा नहीं हज़ारो दफा समझा ली है मैंने अब खुदको

पर क्या करू मैं भी तो एक इंसान ही तो हूँ आखिर..

जब काले गहरे बादल चारो और से घेर लेते है तब कभी कभार टूट जाती हूँ मैं भी..

पर हाँ अब खुदसे ही एक उम्मीद राखी है मैंने की चाहे कितनी दफा टूट जाऊं खड़ा खुद ही खुदके बलबूते पर होना है मुझको..

ज़िन्दगी से मिली हर ठोकर को अपना कर मंज़िल तक पहुंचने का सफर तय करना है मुझको..

ज़िंदगीओ की परेशानी के साथ कभी सोचा भी ना था की बेरोज़गारी इस हद तक भी बढ़ जायेगी एक दिन..

खुद के ख्वाबो को दांव पे लगा हकीकत की ज़रूरते भी अधूरी रह जाएंगी...

हाँ जानती हूँ मैं दर्द हदसे बढ़ रहा है मेरे दिल का पर वो

ख्वाब मेरे दिलो दिमाग में छाया आज भी है..

बेशक हालात और वक़्त से समझौता किया है मेने ज़िन्दगी
से मिले इस बुरे वक़्त को देखकर...

मगर हौसले बुलंद है मेरे वक़्त सबका अच्छा है हैना..

ख्वाबो को अपने मैंने सिर्फ पोस्टपोन किया है..

मेरा भी वक़्त अच्छा आएगा एक दिन ये भरोसा मुझे है
खुदसे ज़्यादा मेरे उस खुदा पर..

जिसने दी है बेरोज़गारी वही तो देगा मुझको एक दिन मौका
इस बड़े से जहाँ मेरी एक छोटी सी पहचान बनाने का..

क्यों रे कान्हा जी आप देंगे ना मुझे मौका मेरे ख्वाबो तक
पहुँचने का??

63. बदनाम सपने..

जान जान कहती थी मैं बदनाम मेरा इश्क़ हुआ..
उसका नाम पुआ ज़माने से कहती थी मैं बदनाम मेरा ही
नाम हुआ..(२)
वफ़ादारी की सज़ा कुछ यु मिली मुझको "तू बेवफा है"
उसने ये कहा मुझसे और बदनाम मेरी वफादार हुई...
हांजी ये इश्क़ विश्क प्यार व्यार लाज़मी है इन में फसने
वाले नाम का ज़लील होना और ज़ात का बदनाम होना...

पर कुछ ख्वाब जो मैंने देखे थे कुछ सपने थे जो टूटी नींद
के बाद भी ना टूटते थे..
कुछ बंद आँखों से मेने देखे सपने..
और खुली आँखों को मिला सुकून मिली थी एक उम्मीद
खुदसे मिलने की..
सपना था देखा वो एक पहचान मिले..
बस अपनों का साथ और प्यार मिले..
थोड़ा सा दुलार मिले और वो जो डडलज वाली सिमरन को
था अंत में ही सही पर कहा गया की
"जा सिमरन जा जी ले अपनी ज़िन्दगी..."
बस वो मैजिकल लाइन कहनेवाले मुझको भी आखिर में ही
सही पर कोई तो मिले..
इश्क़ का ना मिलना लफ़्ज़ी है ज़ज्त के नामपर मोहब्बत
में बवाल होना भी लाज़मी ही था शायद ज़माने के हिसाब
से..

पर सुनो मेने माँगा ही क्या था आखिर बस थोड़ा सा ही वक़्त खुदके लिए, मेरे उन सपनो वाली दुनिया के सपनो को हकीकत वाली इस दुनिया में पूरा करने का बस एक मौका, बस एक डायरी या कोई किताब मिले मिल जाए एक कलम मुझको सियाही मिले जज़्बातों की जिसको भर अपनी कलम टेक में जियूं ज़िन्दगी अपनी मर्ज़ी की सपनो को पूरा करने की सपनो को हकीकत मैं भी आयद पंछी बन जीने की आज़ादी, मिलु मैं खुदसे, बनाऊ एक पहचान..

जिस ज़माने ने मुझको बदनाम किया उन्ही को मुझे आबादी थी सिखानी
मिलता है मुझे सकूं जिस सपने को देख उसको सपनो में ही मैंने कैद किया...
अब तो रोना भी आये तो सपनो में रोटी हु क्यूंकि इस बनावटी दुनिया से में बोहोत डर्टी हूँ...

मिली बदनामी इश्क़ के नाम, मिली बदनामी ऊंच - नीच और ज़ात के नाम और धर्मो पर भी बवाल मचा ज़माने में...
हर धर्म लग गया दूजे को निचा दिखने की रेस में और देखो तो सही हुआ बदनाम हर एक धर्म...
अच्छा सुनो ज़माने वालो..
इश्क़ मोहब्बत और प्यार व्यार...
लाज़मी था उस ज़माने में और लाज़मी है इस ज़माने में भी बदनामी का बवाल होना...
पर मेरे तो हुए "बदनाम सपने"..

सच सच बताओ क्या था ज़रूरी मेरे सपनो का या बदनाम
होना.. या मेरे सपने देखना बर्बाद होना..
सुनो गौर से क्या सुनाई देती नहीं तुमको ये चीखे मेरी...
सवाल मेरा आज भी है वही..
की आखिर कब क्यों और कैसे तुमने मेरे सपनो को बदनाम
किया तुमने हम तुम सब ने तुम सभी ज़माने वालो ने क्यों
मेरे सपनो को बदनाम किया..
आखिर क्यों मेरे सपनो को बदनाम किया??

64. ख्वाब रूठ गए, दिल टूट गया...

ख्वाब रूठ गए, दिल टूट गया, हकीकत में जो हासिल
मुकम्मल करना था मुझको..
अब तो क्या ही कहे जनाब वो सब कुछ अब तो जैसे ख्वाबो
में भी मुझसे छूट गया..

अरे जिस्मो में भी उलझने वाले धागे अक्सर सुलझ जाया
करते है हमने सुना है कई दफा है..(२)
अरे हमने तो इश्क़ पाक रूह से सच्चे दिल से की थी और
उलझे धागे सुलझाने की तो क्या बात करे(२)
यहाँ तो उलट - फुलत हुए सारे धागे और धागो का रंग ही
उड़ गया..

ख्वाब था कातिल नज़रों की तेह तक पहुँचने का या यु कहु
की तेरी कातिल आँखों में डूब जाने का और खुद की अखियों
से कतरा कतरा इश्क़ तेरे नाल बहाने का..
और ख्वाब रूठ गए, दिल टूट गया..
ज़िंदा हम तो रहे लेकिन..
जाना अब तो जैसे रिश्ता रूह से ही टूट गया..

पहली दफा इश्क़ किया मैंने था..
उम्मीद का सिक्का खुदकी मुट्ठी में रखा मैंने था..
कई दफा सोचती थी मेरा इश्क़ एक तरफ़ा ही सही पर

उम्मीद का वो सिक्का तो नेरी मुट्ठी में है..

पर कम्बख्त दिल संभाला नहीं आँखों ने उसमे डूबने कुछ सोचा समझा नहीं...

और किस्मत आज़माने चली थी मैं पहली कोशिश की उस सिक्के को उसको सौंप फैसला सुन ही लू क्या?? एक न एक दिन तो हो ना ही था तो आज की फैसला खुदा का मैं पढ़ ही लू क्या?

कई दफा सोच कर सिक्के का एक तरफी हिस्सा "सोचा उसको दूंगी दूसरा खुद का रखूंगी...

कोई एक फैसला आज सुन ना जो था ही मुझको...

उसने को उठाया सिक्का और जब उछाला मेरे उम्मीद भरे उस सिक्के को कमल कुछ यूं हुआ की ना वो राइट में गिरा ना ही लेफ्ट कम्बख्त सिक्के ने भी क्या खूब दिखाए तेवर यहाँ दिल की बाज़ी लगा हां - जीत के फैसले की घड़ी थी और सिक्का बीच खड़ा रहा न इधर गिरा ना उधर गिरा..

और फिरसे हुआ बस डर जिसका सालो से था ख्वाब रूत गए, दिल गया...

वो उम्मीद वाला सिक्का भी वाह जनाब कैसा ही काम कर गया..

65. बेरंग यादे बेरंग आंसू...

तुझे पता है तेरी ना याद आती है और यादे ना बिलकुल धंधली नहीं है बल्कि तरोताज़ा है..
पर में ना कभी कबर सोचती हूँ.. की काश, काश इन तरो ताज़ा यादो का को रंग होता कोई रूप होता..
आपने वो चीज़ सिनी है की आंशुओ का कोई रंग नहीं होता..

जी हाँ आंसू वही आंसू जो कभी कभार दर्द की लिमिट क्रॉस होने पर बहने लग जाया करते है कही भी कभी भी तो कभी कभार जान दिल की ख़ुशी ना दिल में समझ नहीं पाती तब गिरने लग जाया करते है ये आंसू...
या फिर यु कह लिया जाए की कभी कभी हम न आंसू को दिल में दबा दिया करते है या फिर निकल भी जाए अखियों से आंसू तो हम उसे झट से पाँछ लिया करते है...
और किसीको भी कानो कान खबर नहीं होती
वैसे यादो का रंग आंसुओ का रंग होता तो क्या होता??
कई बार ज़हन में ख्याल आता है की खुदा ने आंसुओ को बेरंग ही क्यों रखा होगा??
ज़रा सोचिये अगर भिन्न भिन्न रंग आंसुओ के भी होते तो??
फॉर एक्साम्प्ल लाल रंग आंसुओ का होता तो वो इश्क़ में मिली दग़ाबाज़ी का प्रतिक होता..
और सफ़ेद रंग शांति का प्रतीक है तो उसे माने दिल टूटने के बाद की शान्ति समझ लेते है...

और गुलाबी रंग नए नए इश्क़ में डूब जाने का या फिर उस ख़ुशी के आंसू का प्रतीक होता..

और हरा मतलब हार और हरियाली यानी की ख़ुशी के आंसू का रंग हरा होता...

ज़रा गौर से सोचिये ऐसे ही अलग अलग रंग के आंसू होते तो कितने झटपट से किसी को समझ आ जाता ना की आइल दिल में क्या है और आंसुओ की वजह कौन है या फिर क्या है??

मैं न फ़ालतू के टाइम में ये सोच ही रही थी की काश, काश आंसुओं का भिन्न भिन्न रंग होता तो कितना अच्छा होता ना कोई उसे छुपा भी ले तो फिर भी उसका रंग रह जाता और इससे शायद हज़ारो लोगो की मुश्किलें हल हो सकती है??

वैसे सोचते सोचते मैं ना सो गयी सोने के बाद एक ख्वाब देखा ख्वाब में मैंने उस ख़ुदा को देखा और उस ख़ुदा को वही सवाल पूछा मेने की या अल्लाह आंसुओ का कोई रंग क्यों नहीं आखिर??

वो ख़ुदा हसने लगा मैं कुछ समझ नहीं पायी..

फिर हस्ते हस्ते बोलै की हर कोई तुम्हारे आंसुओ की वजह आसानी से जान लेता तो ज़रा सोचो इस वक़्त तुम्हे जो रुलाना चाहते है की तुम हार जाओ तुन्हे पीछे खींचने की कोशिश हज़ारो कर रहे है वो झट से तुम्हारे आंसुओ से तुम्हारी कमज़ोरी का पता नहीं लगा लेते??

तुम्हारा बेरंग आंसुओ को तुम पोंछ सकती हूँ और उसका रंग कोई देख भी सकता पर अगर रंगीन आंसू होते तो सोचो बेटा ज़रा गौर से सोचो इस वक़्त तुम्हारी मजबूरियों का फायदा उठाने के लिए कितने है और उस वक़्त रंगीन

आंसुओ को देख की तुम्हारा फायदा उठाने के लिए कितने
सारे लोग होते..
सोचो बेटा ज़रा गौर से सोचो..
और मेरी ना नींद टूट गयी...
और बस मुझे ना समझ आ गया की..
गॉड तुस्सी ग्रेट हो..

66. गरीबी की हदे...

फुटपाथ पर बैठे है...
वो बिना मास्क के भीड़ लगी..
अरे मास्क ना पहना तो मौत मिलने को आ जाएगी..
इस बात की वहां भला किसको है पड़ी..

अरे भूखा पेट तड़पे एक एक दाने को...
और कुछ ना सही तो अब बिस्कुट ही मिल जाए खाने को..

और चोचले अमीरो के हज़ारो ऐसे होते है..
न पसंद कुछ भी मिल जाए तो मुँह फुलाए वो बैठे होते है..

रात को बिना रज़ाई ठण्ड में कपकपाते वो सोते है..
और उनके पैर कड़ी धुप में भी नंगे से होते है..
पर शायद हौसला उनका होता है बुलंद..
इसीलिए तो मजबूक फौलादी वो इतने होते है..
जी हाँ वो गरीब के छोटे बच्चे हो होते है..
जो रात को उस फुटपाथ पर बड़े बड़े सपने खूब संजोते है..

और दोपहर की कड़ी धुप तहत सपने पूरे करने की चाह
लिए नंगे पैर ही वो मेहनत मज़दूरी करते है..
जी हां वो गरीब के बच्चे ही होते है.. वो गरीब के बच्चे ही
होते है..

और सुना है मेने की अमीरो के यहाँ कमी महज़ एक वक़्त
की होती है..
और बढ़ा पेट गयम जाकर काम करने वो अमीरज़ादे जाते
है..
और भूखा पेट थका बदन ये गरीब बाबा की निशानी है..

गरीबी की हदे सारी उस वक़्त पार हो जाती है..
जब माँ की दवाई का पैसा नहीं और छोटी गुड़िया भूख से
तड़पती है..
और बाबा का देहांत होने के बाद बड़ी बिटिया जिस्म अपना
कुर्बान रोटी के वास्ते करती है